INDEX

LA FRANCE EN AFRIQUE

ET LE TRANSSAHARIEN

INTRODUCTION

Le moment est venu pour la France de savoir la part qu'elle entend prendre à la conquête économique de l'intérieur africain.

L'indécision n'est plus permise en présence des progrès rapides de nos émules sur le continent noir. Avant peu, le partage politique de l'Afrique sera un fait accompli. L'Afrique occidentale seule nous intéresse directement ; mais elle-même menace de nous échapper en grande partie, et il n'est que temps, si nous voulons y remplir la mission que nous assignent à la fois nos intérêts propres et les intérêts généraux de la civilisation, d'y adopter un programme d'ensemble et de marcher résolûment vers sa réalisation.

Traiter sous ses diverses faces cette question si attachante et généralement si mal connue de la pénétration française dans l'Afrique occidentale; — faire voir ce qu'est le Soudan et quel parti notre commerce et notre industrie ont chance d'en tirer dans l'avenir ; — signaler celles des contrées soudaniennes sur lesquelles il nous appartient d'établir notre prédominance économique et dire nettement ce que peut, ce que doit devenir l'Afrique française ; — démontrer l'urgence et la nécessité d'agir par l'Algérie, si nous tenons à faire quelque chose d'utile et de durable au Soudan ; — préciser les moyens pratiques de réaliser efficacement la pénétration par l'Algérie, en nous servant des populations touareg du grand Sahara et en construisant un chemin de fer transsaharien, destiné à relier l'Algérie au Soudan ; — enfin, discuter les divers tracés de Transsaharien, indiquer quel est le vrai tracé français et prouver qu'il est facile d'aborder immédiatement l'exécution de cette grande œuvre — : tel est l'objet de la présente étude.

Le chemin de fer transsaharien ! que n'en a-t-on pas dit? de quelles critiques, de quelles ironies n'a-t-on pas accablé ce projet de voie ferrée dans le désert ? ne l'a-t-on pas traité et ne le traite-t-on pas encore d'utopie, de folie anti-économique ? Il n'en restera pas moins, — que nous sachions ou non l'exécuter, — une des grandes conceptions de notre époque, et nous nous apercevrons un jour, peut-être trop tard, que le plus sage eût été d'avoir l'audace d'entreprendre le Transsaharien, quand M. Duponchel le proposait, il y a déjà douze ans.

Mais depuis une dizaine d'années, depuis l'affreux massacre de la mission Flatters, on n'osait plus prononcer ce mot de Transsaharien, tellement notre pays est impressionnable et prompt aux découragements irréfléchis. Aujourd'hui la question semble renaître d'une léthargie profonde. Mais, hélas ! depuis dix ans, la situation a bien changé à notre détriment dans l'Afrique occidentale. Cependant, quand on l'examine froidement, on voit qu'avec de la décision et de l'esprit de suite, nous pouvons encore espérer avoir une belle part dans l'exploitation des contrées soudaniennes, et quand on recherche impartialement les voies et moyens d'exécution, on arrive à conclure que si nous voulons réussir à dominer effectivement et commercialement le Soudan, — et, ajouterons-nous, sans regarder aussi loin, si nous voulons sauvegarder la sécurité future de l'Algérie elle-même, — le chemin de fer transsaharien s'impose.

C'est ce dont nous aurions l'ambition de convaincre nos lecteurs.

L'un de nous, officier d'Afrique, élevé à l'école du maréchal Randon et du général Margueritte, après avoir consacré sa jeunesse aux travaux de la conquête militaire de l'Algérie, n'a cessé depuis lors de se préoccuper de la grandeur et du développement de cette magnifique colonie, qui forme le prolongement naturel de la France, et voyant au delà, se croit autorisé à dire à ses compatriotes les moyens que son expérience lui indique comme les plus propres à réaliser *la conquête pacifique de l'intérieur africain* (1).

Le second d'entre nous, ingénieur des Mines, après avoir suivi, il y a dix ans, les travaux de la Commission supérieure du Transsaharien et pris part à l'une des missions qui furent alors envoyées au Sahara, a fait des questions africaines ses études de prédilection, est devenu lui-même un des artisans

(1) Général Philebert. — La Conquête pacifique de l'intérieur africain (E. Leroux, éditeur, 1889).

les plus convaincus du nouveau mode de colonisation qui vient de s'implanter dans le Sud algérien, *la colonisation saharienne*, et apporte ici le contingent de ses connaissances techniques et d'une pratique déjà longue des hommes et des choses du Sahara (1).

Nous n'étions ni du même âge, ni de la même carrière; mais l'amour de l'Algérie et la foi dans l'avenir de l'Afrique française nous ont rapprochés et nous conduisent aujourd'hui à unir nos efforts pour la défense des idées qui nous sont chères.

Gal PHILEBERT et GEORGES ROLLAND.

Mai 1890.

(1) G. ROLLAND. — L'Oued Rir' et la Colonisation française au Sahara *(Revue Scientifique*, 18 juin et 2 juillet 1887). — Le chemin de fer de Biskra-Tougourt-Ouargla (*Association Française pour l'avancement des Sciences*, 1888, et *Revue Scientifique*, 10 mars 1888). — La Conquête du désert (Challamel, éditeur, 1889). — Utilisation des eaux artésiennes du bas Sahara *(Congrès et Conférences de l'Exposition universelle de 1889)*. — La colonisation française au Sahara *(ibidem)*. — Le Transsaharien (*Comptes rendus de la Société de Géographie*, séances du 7 mars et du 11 avril 1890). — Etc.

I

L'EXPANSION COLONIALE DE LA FRANCE

M. Paul Leroy-Beaulieu a dit (1) : « La colonisation est pour la France une question de vie ou de mort. Ou la France deviendra une grande puissance africaine, ou elle ne sera, dans un siècle ou deux, qu'une puissance européenne secondaire ; elle comptera dans le monde, à peu près comme la Grèce ou la Roumanie compte en Europe. » L'éminent économiste a résumé ainsi en quelques mots la pensée qui nous guide en écrivant ces lignes.

Pendant le cours des dernières années, il a été beaucoup parlé en France de l'*expansion coloniale.* Le Parlement, la presse, le monde des affaires, les sociétés savantes et le public lui-même ont agité sous toutes leurs faces les idées politiques, militaires et économiques que soulève cette question. Au milieu des erreurs et des divergences inévitables dans un semblable mouvement des esprits, il est, du moins, une vérité qui se dégage et qui apparaît clairement aujourd'hui : c'est que le commerce et l'industrie de la France souffrent et auraient besoin de trouver de nouveaux débouchés pour l'avenir ; c'est que les marchés du vieux monde se ferment chaque jour davantage devant nos produits naturels ou manufacturés ; c'est que nous assistons à une évolution économique qui se fait à notre détriment et dont les effets persisteront, —

(1) Paul Leroy-Beaulieu. — De la colonisation chez les peuples modernes (Guillaumin, éditeur, 1882).

LA FRANCE
EN AFRIQUE
ET
LE TRANSSAHARIEN

PAR MM.

Le Général PHILEBERT

ET

GEORGES ROLLAND, Ingénieur au Corps des Mines.

L'INTÉRIEUR AFRICAIN
CE QUE PEUT ÊTRE ENCORE L'AFRIQUE FRANÇAISE
PÉNÉTRATION PAR L'ALGÉRIE
QUESTION TOUAREG
CHEMIN DE FER TRANSSAHARIEN

AVEC CARTE DE L'AFRIQUE FRANÇAISE

CE QU'ELLE EST. — CE QU'ELLE DOIT ÊTRE

Par M. G. ROLLAND

PARIS
Augustin CHALLAMEL, Éditeur.
LIBRAIRIE ALGÉRIENNE ET COLONIALE
5, rue Jacob, 5

EN VENTE CHEZ TOUS LES LIBRAIRES

1890

LA FRANCE
EN AFRIQUE
ET
LE TRANSSAHARIEN

PAR MM.

Le Général PHILEBERT

ET

GEORGES ROLLAND, Ingénieur au Corps des Mines

L'INTÉRIEUR AFRICAIN
CE QUE PEUT ÊTRE ENCORE L'AFRIQUE FRANÇAISE
PÉNÉTRATION PAR L'ALGÉRIE
QUESTION TOUAREG
CHEMIN DE FER TRANSSAHARIEN

AVEC CARTE DE L'AFRIQUE FRANÇAISE

CE QU'ELLE EST. — CE QU'ELLE DOIT ÊTRE

Par M. G. ROLLAND.

PARIS
Augustin CHALLAMEL, Éditeur.
LIBRAIRIE ALGÉRIENNE ET COLONIALE
5, rue Jacob, 5

EN VENTE CHEZ TOUS LES LIBRAIRES

1890

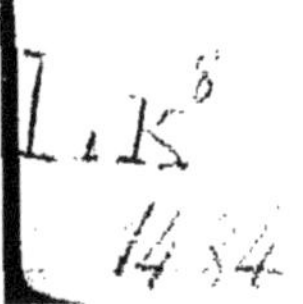

car ils tiennent à toute une série de causes indépendantes de notre volonté, telles que le renchérissement de notre main-d'œuvre, la concurrence de plus en plus redoutable des fabrications étrangères, l'abaissement du prix des transports et l'entrée en scène de pays lointains. plus jeunes et plus grands producteurs, etc.; c'est enfin qu'il nous faut, coûte que coûte, chercher des régions neuves, où une protection bien entendue assure à nos produits la priorité de vente, en échange de matières premières abondantes et à bon marché.

Plus que jamais la France a besoin de colonies, si elle ne veut pas déchoir. L'idée coloniale, d'ailleurs, est plus familière aux Français qu'on ne l'entend dire parfois. A ceux qui s'en vont répétant que nous ne savons pas coloniser, il suffit de rappeler notre propre histoire et de montrer ce que nos pères ont su faire aux Indes, au Canada, en Louisiane et ailleurs dans les siècles précédents, ce que notre génération elle-même a su faire en Algérie depuis soixante ans. Mieux qu'aucune autre, notre race a su coloniser, et seule elle a su, par ses qualités généreuses, se faire aimer des indigènes et s'occuper sincèrement de les civiliser.

Il serait plus juste de dire que si nous avons fondé de grandes colonies, nous n'avons pas toujours su les conserver, et il faut avouer que nous manquons d'esprit de suite, de tradition coloniale. Il est vrai aussi que l'arrêt inquiétant de notre population nous interdit désormais de songer à de nouvelles colonies de peuplement; notre capacité d'émigration est fort limitée, relativement à celle d'autres pays, et, sous ce rapport, notre ambition doit se borner à diriger, du moins, nos émigrants vers des terres françaises, vers l'Algérie et la Tunisie d'abord, puis vers la Nouvelle-Calédonie, Madagascar et celles de nos autres possessions où notre race a chance de s'acclimater : mais rien ne nous empêche de fonder de nouvelles colonies d'exploitation, si nous y trouvons notre intérêt, comme ce n'est pas douteux; le Français peut parfaitement aller, comme l'Anglais, comme l'Allemand, créer des comptoirs dans telle ou telle région, y faire du commerce, y nouer des échanges, y vendre ses articles, y utiliser la main-d'œuvre indigène. Nous n'avons plus comme autrefois, dira-t-on, les cadets de famille, quittant le sol natal pour aller chercher fortune au loin, et en cela, il faut reconnaître, en effet, que la loi des successions, telle que la Révolution nous l'a léguée, — si elle offre le mérite incomparable d'être l'expression de la justice, — a eu comme conséquence fâcheuse, au point de vue de la raison d'État, de briser le principal ressort de notre expansion coloniale : espérons cependant que nos armateurs, nos commerçants, nos industriels, nos financiers, éclairés sur leurs véritables intérêts et poussés par le besoin de débouchés nouveaux, en viendront à avoir assez d'initiative et seront assez entreprenants pour aborder les marchés ouverts à leur activité.

Or, dans l'ordre d'idées que nous venons d'esquisser rapidement, on peut dire qu'il n'est plus que deux régions du globe où la France puisse tenter aujourd'hui de faire sérieusement œuvre coloniale pour l'avenir : ce sont l'Indo-Chine et l'Afrique. L'expédition du Tonkin a été, dans ces dernières années, la manifestation la plus importante de ce besoin, conscient ou inconscient, d'expansion coloniale. On peut trouver que le choix a été plus ou moins heureux et regretter qu'il ait plutôt discrédité l'idée coloniale dans l'opinion publique; mais on ne peut nier qu'il répondît à un sentiment exact de la situation économique du pays.

Nous sommes trop partisans nous-mêmes de l'expansion coloniale pour vouloir joindre ici des critiques amères aux attaques passionnées dont a été l'objet cette lourde entreprise du Tonkin. Nous savons les espérances patriotiques fondées par plusieurs sur la fortune et l'avenir de nos nouvelles possessions de l'Extrême-Orient. Nous dirons seulement qu'on ne peut s'affranchir de quelques inquiétudes sur leur sort, quand on y réfléchit impartialement.

Elles sont bien loin de nous ! Elles sont en contact avec un grand empire, la Chine : on espère trouver par là en peu de temps, grâce à l'état de demi-civilisation de ces pays, de nombreux clients pour les produits de notre industrie ; mais, en revanche, le peuple chinois lui-même peut devenir aussi redoutable sur le terrain de la concurrence commerciale que par les masses d'hommes dont il dispose et qu'il est capable de mettre en mouvement contre nous. Pour assurer la défense et la sécurité de ces colonies d'Indo-Chine, il nous faut des stations navales, échelonnées tout le long de la route, de nombreux dépôts de charbon, toujours ravitaillés. Qu'une guerre éclate, toutes relations directes ne seront-elles pas rompues? Crainte d'autant plus naturelle que l'étroit passage de Suez se trouve entre les mains d'une nation rivale, désormais installée en maîtresse sur un sol qui était, pour ainsi dire, nôtre par la tradition, par l'influence intellectuelle et financière.

Quoi qu'il en soit, il est permis de penser qu'il eût été plus sage, au lieu d'aller prendre pied, à l'autre bout du monde, sur des terres auxquelles rien ne nous rattachait, de regarder plus près de nous. Nous aurions vu alors que la plus belle, la plus utile de nos colonies, — sans qu'il y ait même de comparaison possible avec les autres, — l'Algérie, était placée à la porte d'un monde nouveau, encore sans maître, et nous offrait, à quelques heures de la mère-patrie, une base solide d'opération, facile à organiser plus puissamment encore, d'où nous n'avions qu'à étendre la main pour prendre possession, sans crainte de complications, du seul empire colonial qui réponde vraiment à notre situation dans le monde, de l'intérieur africain; du Soudan. Cet empire serait à nous maintenant, si nous avions fait de ce côté le même effort qu'au Tonkin!

Mais qu'est-ce exactement que le Soudan? quelle est sa valeur intrinsèque? et quel profit avons-nous chance de tirer de son exploitation?

Le Sahara seul nous en sépare : est-ce donc une barrière infranchissable que le Sahara?

II

LA VÉRITÉ SUR LE SOUDAN

Quand on jette les yeux sur une carte d'Afrique, on remarque, au-dessous des pays qui bordent la Méditerranée, une large zone, relativement peu chargée de noms et de signes géographiques, qui traverse ce vaste continent de l'ouest à l'est, depuis l'Atlantique jusqu'à la mer Rouge, et sur laquelle est écrit en gros caractères ce titre d'ensemble : *Sahara ou Grand Désert.* Au-dessous, entre le Sahara et l'équateur, se trouve une seconde zone de largeur comparable, dans maintes parties de laquelle les noms de pays et de lieux se pressent en foule, et sur laquelle est inscrit cet autre titre général : *Soudan.*

Régions longtemps mystérieuses, vues par l'imagination des peuples au travers du prisme trompeur des légendes de l'ancien temps : le Sahara, effrayant désert, inabordable en raison de son absolue stérilité et de son climat torride, où la vie semblait impossible à tout être animé et d'où toute végétation devait être bannie ; le Soudan, au contraire, pays des merveilles, dont les auteurs arabes des siècles précédents ont conté les ressources inépuisables et nous ont laissé les tableaux les plus enthousiastes. Il appartenait à notre époque de déchirer enfin le voile impénétrable derrière lequel se cachait à nos regards l'intérieur de ce continent africain, le dernier restant à découvrir, bien que le plus rapproché de notre vieille Europe. Au cours de ce siècle, en effet, et surtout depuis une quarantaine d'années, il a été pénétré, traversé et visité par de hardis et courageux explorateurs, et grâce aux renseignements fournis par ces pionniers de la science et de la civilisation, on sait mieux aujourd'hui à quoi s'en tenir sur le grand désert et même sur les contrées soudaniennes.

On sait, en particulier, que le Sahara est tout autre qu'on ne se le figurait. Assurément il offre des contrées arides et inhabitées, des plateaux nus, pierreux, désolés, des massifs de grandes dunes, montagnes de sables plus difficiles à gravir que les rocs escarpés. Mais, en revanche, le Sahara ménage au voyageur de singuliers contrastes; il comprend aussi des régions d'oasis, cultivées et habitées par des populations sédentaires, et ces îlots de verdure, clairsemés à la surface du désert, possèdent, grâce au palmier-dattier, une force de production dont on ne trouve guère l'équivalent que dans les pays les plus favorisés par la nature et par le climat : la combinaison de ces deux éléments, le soleil et l'eau, y produit des merveilles de végétation, même sur un sol ingrat. En outre, le Sahara est parcouru par des populations nomades, dont les nombreuses caravanes sillonnent le désert en tous sens et suivent, dans le va-et-vient de leurs étapes bien réglées, des routes jalonnées de puits soigneusement entretenus ; ces nomades sahariens, Arabes, Touareg et autres, exercent une sorte de suzeraineté sur leurs territoires de parcours, et leurs déplacements, soit périodiques, soit continus, répondent non seulement aux besoins de leur vie pastorale, mais encore à un mouvement d'échanges entre le Soudan et les États du littoral méditerranéen, échanges beaucoup plus importants qu'on ne le croit généralement et dont les esclaves sont loin de former le seul appoint.

Au delà du Sahara, c'est le Soudan, c'est la nouvelle terre promise des auteurs arabes, dont la légende avait, il est vrai, démesurément exagéré les richesses, mais dont les voyageurs modernes ont cependant confirmé la réelle valeur, — dans certaines parties, du moins.

Le Soudan, comme toute chose et tout pays, a ses partisans et ses détracteurs. On entend même à son sujet des affirmations tellement contradictoires qu'il importe de les discuter ici. Elles résultent d'abord de confusions trop fréquentes, mais faciles à comprendre. L'Afrique est un continent immense, qui présente des contrées tout à fait dissemblables. Peu de voyageurs, au demeurant, l'ont visité, eu égard à son énorme étendue ; chacun n'en a vu qu'une partie et l'a plus ou moins bien vue ; les tendances à généraliser sont naturelles, et on ne résiste pas toujours à l'originalité de contredire les idées reçues. Il faut savoir ensuite distinguer entre l'état actuel d'un pays, barbare ou décimé depuis des siècles par la traite, et la transformation dont il peut être susceptible sous l'influence bienfaisante de la paix et de la civilisation. En ce qui concerne spécialement les contrées soudaniennes, il est bien certain qu'elles sont elles-mêmes de très inégale valeur; c'est ainsi, par exemple, que, dans le Soudan occidental, nous savons aujourd'hui que les régions du haut Sénégal et du haut Niger sont naturellement pauvres, tandis que les régions des rivières du Sud et du pays de Kong sont naturellement riches. Quant au Soudan central, on possède sur lui des données assez positives pour affirmer que c'est là une partie tout à fait privilégiée du Soudan.

A ceux qui voudront se faire une conviction à cet égard, on ne saurait trop recommander la lecture de la relation de voyage du Dr Barth (1), qui, en 1850, put aller de Tripoli jusqu'au cœur du Soudan et en revint cinq ans plus tard, sain et sauf, après une deuxième traversée du Sahara, rapportant de cette magnifique exploration la preuve que le centre de l'Afrique comprend des régions admirables, couvertes de populations agricoles, commerçantes et de mœurs paisibles. Barth est certainement le voyageur le plus compétent qui ait visité ces pays; il y a séjourné; il les a étudiés en observateur sagace; il a laissé le document le plus complet, en somme, et le plus concluant que nous possédions sur eux.

Qu'on lise Barth, et l'on se rendra compte de ce qu'est le Soudan central, — où coulent de larges fleuves, tels que le majestueux Niger et son grand affluent, le Bénoué, auprès duquel les nôtres ne sont que de pauvres ruisseaux; — où s'étendent des lacs superbes, comme le Tchad, dont les eaux seront sillonnées un jour par des flottes de navires de commerce; — où se déroulent des contrées d'une fertilité surprenante, dont les chaleurs tropicales sont tempérées, pendant trois mois de l'année, par des pluies abondantes; — où s'étale une végétation luxuriante, avec des pâturages sans fin, avec des forêts touffues de palmiers, de mimosas, de baobabs, etc.; — où se multiplient d'innombrables troupeaux, avec grands mammifères à l'état libre,

(1) H. Barth. — Travels and Discoveries in North and Central Africa (London, 1857-1858). — Traduction française par Paul Ithier (Paris, 1861).

témoins des ressources alimentaires du sol ; — où vivent, en pleine opulence de la nature, des peuplades, parfois denses, de noirs agriculteurs, dont la race exceptionnellement féconde a résisté, comme par miracle, aux chasses à l'homme qui de tous temps ont pourvu au trafic des esclaves et à l'état social que ce trafic suppose ; — où l'on rencontre de grandes villes, industrieuses et commerçantes, telles que Kano, Kouka, Sokoto, sur le marché desquelles se concentrent les échanges de pays riches en produits variés ; — où l'on trouve enfin des parties montagneuses, d'altitudes relativement élevées, dont le climat favorisera, dans une certaine mesure, le séjour des colons de race blanche.

Que penser de la province de Kano, située au centre des États Haoussa, région que les indigènes appellent le *jardin du Soudan* et dont Barth nous décrit ainsi la capitale : « La matinée était fort belle ; nous rencontrâmes tour à tour, sur notre route, des habitations de toute espèce, depuis les pavillons légers jusqu'aux maisons d'argile, des pâturages verdoyants, couverts de bétail, de chevaux, de chameaux, d'ânes et de chèvres, des fossés profonds remplis d'eau et de plantes aquatiques. Au milieu de cette diversité d'aspects s'épanouissait une végétation riche et multiple, où brillaient le magnifique gonda à forme symétrique et le svelte dattier. La population elle-même offrait une grande variété de costumes, depuis les esclaves presque nus jusqu'aux Arabes vêtus d'habits éclatants et somptueux. Tout cet ensemble présentait un spectacle des plus animés et des plus attrayants » (tome II, page 10). Et Barth ajoute plus loin : « La province de Kano est une des plus fertiles du monde entier ; elle produit aussi du blé en surabondance, etc. » (page 32).

Allons-nous, vers l'est, jusqu'au lac Tchad ? nous traversons des régions parsemées de hameaux, tapissées de pâturages et largement pourvues d'eau. C'est le Bornou, autre pays plantureux, dont Kouka, la capitale, assise au bord du grand lac, est, comme Kano, un centre agricole important. Barth signale tout particulièrement dans le Bornou, ainsi que dans le Baghirmi, au sud du Tchad, et dans le Ouaday, à l'est, l'existence d'une très belle race de chevaux, d'ânes très vigoureux et de troupeaux de bétail pouvant fournir une immense quantité de viande de boucherie ; comme autres représentants du règne animal, il cite l'éléphant, le rhinocéros, l'hippopotame, les antilopes, les sangliers, etc.

Allons-nous vers le nord? nous arrivons dans le Damergou, région qui confine aux montagnes de l'Aïr et qui jouit auprès des Touareg d'une réputation proverbiale. Comme terme de comparaison, nous dirons que nous avons entendu l'un des Touareg Taïtok faits prisonniers, il y a près de trois ans, au cours d'une razzia dans les environs d'El Goléa, assimiler le Damergou aux plus belles parties de la France qu'il venait de traverser.

Allons-nous, vers l'ouest, jusqu'au Niger et remontons-nous les rives du fleuve vers le nord? Barth nous dit qu'on trouve d'abord, à Say, « une exubérance de végétation extraordinaire » (tome IV, page 188); puis, à Sinder, « des contrées d'un aspect charmant avec leurs hautes herbes et leurs beaux arbres, un pays bien peuplé et bien cultivé » (page 182). A Gogo, la situation est moins florissante et les bras semblent manquer; c'est la capitale, jadis célèbre, aujourd'hui déchue, du grand empire nègre des Sourhaï. En aval de Bamba, « le Niger est parsemé d'îles verdoyantes, où paissent de nombreux troupeaux de gros bétail; les villages sont entourés d'une épaisse ceinture de beaux palmiers d'Égypte, entremêlés de plantes grimpantes », etc. (tome IV, page 130). Enfin, jusqu'à Tombouctou, on rencontre, le long des rives du Niger, de nombreuses cultures, champs de tabacs, rizières, carrés de froment et d'orge, d'excellents pâturages, que fertilisent les crues d'hiver du grand fleuve.

Voilà pour l'agriculture du Soudan. Voyons maintenant son commerce.

Les trois principaux marchés, pour l'échange des marchandises, sont Tombouctou, Kano et Kouka. « Toutefois, dit Barth, le marché de Tombouctou se distingue de celui de Kano, en ce que Tombouctou n'est pas une place productive et industrielle, tandis que Kano, dans son genre et dans la mesure des conditions où se trouve l'Afrique centrale, mérite d'être comparée aux plus grands centres européens (tome IV, p. 99). »

« Toute la vie de Tombouctou repose sur le commerce extérieur. » On y confectionne cependant des articles de forgerie et des objets de cuir d'un joli travail, une assez grande quantité de couvertures et de tapis en laine pure, des bagues et des bijoux en or. Les principaux articles d'importation sont l'or qui vient du haut Sénégal et du haut Niger, le sel, la noix de Kola ou gouro, fruit dont les Haoussa font grand usage et qu'ils offrent aux étrangers en signe de bienvenue ; puis les denrées de consommation journalière, riz, sarrazin, beurre végétal, huile, poivre, gingembre, thé, dattes, tabac, enfin des draps, ceintures, objets de coutellerie; la majeure partie de ces importations se fait par le Maroc. L'exportation consiste surtout en objets d'or fabriqués, en gommes, cires et un peu d'ivoire.

Quant à Kano, dit Barthe « c'est la première ville de la Nigritie centrale au nord de l'équateur, sous le rapport mercantile comme au point de vue de l'industrie; ses relations commerciales s'étendent jusqu'à Mourzouk, Rhat, Tripoli, Tombouctou et jusqu'au littoral de l'Atlantique (tome II, page 22) ». — « Kano, dit-il plus loin, est une ville de 60,000 âmes, industrielle et pleine de vie, dont les manufactures approvisionnent une grande partie du continent africain. » Ses branches principales de fabrication et de commerce consistent « en articles de coton tissés dans la région, en drap fin à l'usage des indigènes aisés, en tissus manufacturés et teints de couleurs fort belles, en cuirs tannés et travaillés avec beaucoup d'art, en quincaillerie, en armes, en bijouterie de cuivre et d'argent. » Les produits naturels faisant l'objet du commerce en gros sont « le blé, le sarrazin et la noix de gouro, le natron et l'ivoire ». — « Il faut malheureusement parler aussi, ajoute Barth, comme de l'une des branches de commerce les plus importantes, du trafic des esclaves, dont la plupart sont conduits du Bornou à Rhat et dans le Fezzan. » Les importations qui s'opèrent à Kano sont très considérables, et l'on peut dire qu'elles embrassent tous les produits des autres régions de l'Afrique : vêtements arabes, coiffures, épices, encens, huile de roses, cuivres. On y importe enfin une certaine quantité d'articles européens, parmi lesquels Barth notait déjà, en 1851, des tissus de Manchester, des soieries françaises, du sucre de Marseille, de la mercerie de Nuremberg, des lames d'épées de Solingen, des rasoirs de Styrie, etc.; « tous ces objets européens sont expédiés de préférence à Kano par la *route du nord* ».

A Kouka, enfin, se centralise tout le trafic des contrées limitrophes du lac Tchad. La capitale du Bornou compte 80,000 à 100,000 habitants. Il s'y tient de grands marchés, où l'on vend des chameaux, des chevaux, des bœufs, des denrées alimentaires, etc.

On le voit, sur toute la superficie du Soudan central, on trouve abondance, fertilité, industrie, commerce. « Il y a là, dit Barth, un champ d'activité immense pour l'activité européenne, » et les quelques citations qui précèdent nous semblent éclairer la situation d'un jour suffisant.

Si cela ne nous suffit pas, si nous doutons quand même de la valeur de ces régions et ne savons pas nous décider à y aller, d'autres, plus perspicaces, se chargeront de nous y devancer et d'y prendre la place qui nous revenait de droit.

III

PARTAGE POLITIQUE DE L'AFRIQUE

Un des phénomènes les plus intéressants qui marqueront la fin du XIXe siècle, c'est l'évidente attraction que l'intérieur africain exerce sur les nations européennes, susceptibles d'expansion coloniale.

A défaut de longs discours sur ce point, nous renverrons aux cartes qui paraissent chaque jour à l'étranger et sont constamment exposées chez nous-mêmes aux vitrines de nos libraires, faute de cartes françaises de date aussi récente. Consultez avec soin, dirons-nous, les dernières cartes allemandes, anglaises, et vous pourrez juger avec quelle hardiesse s'y trouvent apposées les teintes correspondant aux différents États, avec quelle ampleur on se taille aujourd'hui des territoires en Afrique et comment on arrive à se créer des titres sur le papier, en partant des annexions déjà faites et des résultats acquis sur le littoral, pour tracer vers l'intérieur ce qu'on appelle des *zones d'influence* ou *de protection*, ou encore des *sphères d'action* et *d'intérêt*.

Quoi qu'il advienne de toutes les compétitions en jeu et de leurs chances plus ou moins lointaines de réalisation, il est facile de voir que toute l'Afrique australe et orientale a, dès aujourd'hui, ses maîtres désignés, en dehors de nous : Anglais, Allemands, Portugais, Belges, Italiens. Comme toujours, c'est l'Angleterre qui entend se tailler la part du lion. Ses hommes d'État ont conçu un gigantesque projet, que la surprise de l'action allemande à Zanzibar les avait déjà contraints à démasquer et qui apparaît clairement aujourd'hui : établir la suprématie britannique au travers de toute l'Afrique orientale, du nord au sud, depuis le Delta du Nil jusqu'aux grands Lacs et des grands Lacs au cap de Bonne-Espérance, devenir ainsi les arbitres de toutes les communications terrestres entre l'océan Atlantique et l'océan Indien, s'emparer des régions les plus productives et les plus peuplées de l'intérieur et s'assurer les meilleurs débouchés sur la côte. Verrons-nous s'accomplir ce plan vraiment colossal? Certes, l'Angleterre le poursuit avec une hardiesse, avec une ténacité qui s'imposent à notre admiration; mais elle rencontre sur sa route des obstacles inattendus : en triomphera-t-elle? Le premier, elle doit le reconnaître, a été dressé de ses propres mains, au sud de l'Egypte, où elle n'a su jusqu'à ce jour, en somme, que faire perdre le Soudan oriental à sa nouvelle protégée et abandonner ceux qu'elle avait envoyés dans ces lointains parages. D'autre part, au sud des grands Lacs, dans les régions riches en or du haut Zambèze, elle n'avait pas prévu les énergiques protestations du Portugal, montrant comment un petit pays sait parfois défendre ses droits contre la force d'un grand. Enfin et surtout, aux grands Lacs mêmes, elle n'avait pas compté sur la vigueur avec laquelle la puissante Allemagne intervient de plus en plus. L'Angleterre considérait déjà le Tanganaïka comme un lac anglais : mais voici que l'Allemagne, établie sur la côte sud de Zanzibar, veut aussi étendre jusque là son domaine et donner la main par l'intérieur à l'État libre du Congo. L'Angleterre disait déjà siennes les contrées des lacs Victoria et Albert-Nyanza et du haut Nil, pays réputés les plus fertiles de l'Afrique équatoriale, qui pourront, dans un temps donné, devenir de grands producteurs de blé, en concurrence avec les Indes, l'Australie et l'Amérique; elle s'était déjà réservé la voie de sortie la plus courte de ces régions vers la côte nord de Zanzibar et vers le port de Mombassa : mais voici qu'Emin, secouant toute reconnaissance envers Stanley, son soi-disant libérateur, entre bruyamment au service de l'Allemagne et retourne en toute hâte aux grands Lacs ; s'agirait-il de prolonger les possessions allemandes vers le nord par l'Oubanga, entre le Victoria et l'Albert-Nyanza, et de les relier ainsi à la province du haut Nil, où Emin s'était si bien installé et ne demandait qu'à rester? Il y a là, peut-être, un grave conflit à l'horizon colonial.

Quant à nous, Français, nous assisterons à ces rivalités en simples spectateurs. Nous étant laissé supplanter par l'Angleterre en Égypte, où nous avions une sorte de colonie sans les charges, — ayant renoncé à notre influence séculaire en Abyssinie, où l'Italie a le champ libre désormais, — n'ayant réclamé aucune station sur la côte de Zanzibar, malgré les droits que pouvaient nous donner les établissements fondés dans ces parages et aux grands Lacs par les pères français du Saint-Esprit, — nous n'avons plus d'intérêts sur cette partie du globe. Aux autres puissances chrétiennes qui se la disputent, nous souhaiterons même d'y réussir : elles y sont à l'avant-garde de la civilisation, et l'envie n'est pas un défaut de notre race. Regrettons seulement l'exemple de ces âpres convoitises à l'assaut d'un continent où l'on disait venir, avant tout, pour combattre l'esclavage : n'eût-il pas mieux valu alors se le partager d'un commun accord, — car il était assez grand pour qu'il y eût place pour tous, — et s'unir ensuite pour la lutte commune contre la barbarie?

Reste l'Afrique occidentale : là seulement il est encore une place vacante pour nous dans l'intérieur africain.

Or, quand on regarde la carte, il apparaît immédiatement que la France, maîtresse de l'Algérie et de la Tunisie, au nord, du Sénégal et de ses annexes, à l'ouest, et du Gabon-Congo, au sud, était postée comme aucune autre puissance pour étendre sa domination économique sur tout le Soudan occidental et central. Logiquement, si nous avions une politique, une tradition coloniale, tout Français éclairé aurait dû considérer le bassin entier du Niger et de ses affluents, tout le bassin intérieur du lac Tchad, comme rentrant dans notre sphère légitime d'influence, comme étant notre apanage indiqué dans le futur partage de l'Afrique. Domaine immense assurément, mais, en somme, moins vaste que d'autres, de valeur inégale suivant ses diverses parties, mais, au total, magnifique et comprenant les régions les plus productives et les plus peuplées du Soudan : les Etats Haoussa, le Sokoto, le Damergou, le Bornou, le Baghirmi.

Voilà nos nouvelles Indes, nos Indes noires! s'était écrié M. Duponchel.

Mais depuis dix ans, faute d'une opinion, faute d'un programme en matière coloniale, nous avons laissé gravement entamer ce qui devait être pour nous la part *intangible* de l'avenir. Et là encore, comme ailleurs, comme partout, nous trouvons l'Angleterre, la grande, l'insatiable Angleterre qui, non contente de ses Indes asiatiques, de sa Dominion du Canada, de son empire d'Australie, de ses vastes possessions de l'Afrique australe et orientale, veut encore nous ravir le Soudan central et rêve d'arriver un jour à établir sa suprématie économique non seulement des grands Lacs à l'Égypte, vers le nord, et au Cap, vers le sud, mais encore des grands Lacs à Tombouctou, vers l'ouest.

Les faits sont connus et assez éloquents par eux-mêmes pour qu'il suffise de les rappeler brièvement. En quelques mots, l'Angleterre est installée depuis vingt-cinq ans environ aux bouches du Niger. Diverses Compagnies anglaises fondèrent des établissements le long du cours du fleuve et fusionnèrent en 1879; en 1882, la nouvelle Compagnie élevait son capital à 25 millions de francs (1).

Cependant, une expédition française, dirigée par le comte de Semellé, avait débarqué en 1880 sur la côte de Guinée et créé avec succès d'autres établissements sur le Niger et le Bénoué. Au commencement de 1884, il y avait 32 comptoirs français contre 33 comptoirs anglais : les deux influences s'équilibraient. C'est alors que la Compagnie anglaise, résolument soutenue par le cabinet de Saint-James, offrit à la Compagnie française de lui acheter ses comptoirs avec tout leur matériel et leur outillage; quant à nos nationaux, ils ne trouvèrent pas dans leur pays, ni auprès de leur gouvernement, les conseils et l'appui qu'ils espéraient, et ils consentirent. Ce fut un grand malheur. Depuis ce jour, la Compagnie anglaise règne seule sur toute la partie inférieure du grand fleuve et de son principal affluent; en 1886, elle était érigée par le gouvernement anglais en Société royale, avec une charte lui octroyant des pouvoirs presque illimités. Dès 1887, elle possédait 150 comptoirs et une flotte de vapeurs remontant le Niger jusqu'au chutes de Bousah, à 736 kilomètres de la mer, et le Bénoué jusqu'à 720 kilomètres (2). Elle a proclamé son protectorat sur les territoires riverains, sur les royaumes de Bidda et de Noupé. D'une part, sur le haut Bénoué, elle est ins-

(1) Pour plus de détails, voir le *Soudan français* par M. A. Le Châtellier (*Revue scientifique*, 27 octobre 1888).

(2) « L'opération que représente la *Royal Niger Company* ne semble pas moins fructueuse au point de vue financier qu'au point de vue politique. » (A. Le Châtelier, *ibid.*).

tallée aujourd'hui jusqu'à Yola, près de la limite de l'empire de Sokoto dans cette direction, à proximité des empires du Bornou et du Baghirmi, limitrophes du Tchad; elle se propose évidemment d'y pénétrer avant peu, tandis que la nouvelle colonie allemande du Cameroun, située entre les territoires anglais du bas Niger et la colonie française du Gabon-Congo, marche visiblement vers le même objectif. D'autre part, sur le Niger, il paraîtrait, d'après des renseignements qui demandent confirmation, que la Compagnie anglaise est parvenue à franchir les chutes de Bousah jusqu'au confluent de la rivière de Sokoto et qu'elle a un agent noir dans la ville de Sokoto même.

Bien plus, sur certaines cartes étrangères, on voit un liséré de couleur anglaise remonter le Niger moyen jusqu'au coude du fleuve, au delà de Gogo; sur d'autres, on voit la teinte anglaise couvrir tout l'empire de Sokoto et englober, au nord, le Damergou et jusqu'au pays d'Aïr; sur d'autres, enfin, la teinte anglaise part du cap Juby, au sud du Maroc, pour s'étendre largement vers le Sahara central. Mais il ne s'agit plus alors que de simples velléités d'avenir, qu'il ne tient qu'à nous de savoir discerner. A quoi tendent-elles, en effet? à rien moins qu'à nous couper totalement les routes du Sénégal et de l'Algérie vers le Soudan central, à isoler définitivement nos colonies sur le pourtour de l'Afrique occidentale en tronçons impossibles à souder entre eux, à monopoliser tout le commerce de l'intérieur et à le drainer au profit exclusif des intérêts britanniques, soit vers le Bénoué et le bas Niger, au sud-ouest, soit vers le cap Juby et le Maroc, au nord-ouest, soit vers la Tripolitaine et Malte, au nord-est.

Du moment que nous sommes éclairés sur ces tendances à notre détriment, c'est à nous d'avoir le courage d'agir en conséquence. La politique anglaise, en matière coloniale, est d'ailleurs connue : « Cette politique, dit M. A. Le Châtelier (1), a pour règle absolue de ne reculer devant aucune prétention. Pourvu que les circonstances en fournissent le plus léger prétexte, les autorités britanniques n'hésitent pas à revendiquer les droits les moins soutenables, sans d'ailleurs insister, au cas où les objections contraires sont explicites et reposent sur un fondement sérieux. Le plus souvent elles ont beau jeu, étant

(1) A. Le Châtelier. — *Ibidem*.

donnée la forme que revêt la défense de nos propres intérêts. Elles en profitent : simple procédé d'affaires et question de vues pratiques. »

Dans l'Afrique occidentale, nous ne pouvons rien malheureusement contre les faits que nous avons laissés s'accomplir ; mais nous devons protester énergiquement contre les prétentions qui ne reposent encore sur rien, sur aucun droit acquis, et qui nous lèsent directement. Même en éliminant celles-ci, la situation, telle que nous venons de l'esquisser, reste assez grave pour mériter nos sérieuses réflexions. Mieux vaut la connaître et ne pas récriminer contre elle ; car elle est, à la fois, la conséquence logique de notre déplorable abstention et la récompense légitime des efforts tenaces de concurrents qui savent, du moins, ce qu'ils veulent et qui marchent, avec une patriotique assurance, vers l'objectif de leur ambition.

Nous ne ferons qu'une restriction; mais elle est importante. Il est incontestable que l'Angleterre a su acquérir au confluent du Niger et du Bénoué une position privilégiée ; toutefois, il est inexact d'ajouter, comme on le fait parfois, que le bas Niger et le Bénoué sont devenus, par cela même, des fleuves anglais. La conférence de Berlin a été formelle à cet égard : elle a déclaré *libre* « la navigation du Niger, de ses embranchements et de ses issues ». Le Niger et le Bénoué restent donc des voies de communications essentiellement internationales, dont auront le droit de se servir tous ceux qui, soit Anglais, soit Allemands, soit Français, s'établiront, à côté de la Compagnie royale du Niger, dans le Soudan central et, en particulier, dans le bassin du lac Tchad.

La mise en pratique de ce droit, qui n'est nullement périmé, qui subsiste, rencontrera évidemment une forte résistance de la part de la Compagnie du Niger : à la France, à l'Allemagne de le maintenir énergiquement en principe et, le moment venu, de savoir le faire appliquer en fait, sans se laisser émouvoir par les protestations de simples négociants, ni par un vain système d'intimidation.

IV

CE QUE DOIT ÊTRE NOTRE PROGRAMME DANS L'AFRIQUE OCCIDENTALE

Examinons maintenant quel est le bilan actuel de l'œuvre de la pénétration française au Soudan. Voyons ce que nous avons déjà fait et ce qui nous reste à faire. Montrons ce que doit devenir l'Afrique française.

Trois points de départ s'offraient à nous : l'Algérie, au nord ; le Sénégal, à l'ouest, et le Gabon-Congo, au sud.

Par l'Algérie, nous n'avons rien fait.

En revanche, nos possessions du Congo ont reçu une extension fort importante vers le nord. On sait que le moyen Congo reçoit un grand affluent, venant du nord : c'est l'Oubanghi, qui sert de limite entre les territoires du Congo français, situés sur la rive droite, et ceux de l'Etat libre du Congo, situés sur la rive gauche. Notre poste actuellement le plus avancé sur l'Oubanghi se trouve 4° 15' au-dessus de l'équateur, et nous arrivons là aujourd'hui aux limites mêmes du Soudan central.

M. Dolisie, un des lieutenants de M. de Brazza, a même remonté l'Oubanghi au delà ; le fleuve fait en amont un grand coude vers l'est. Droit au nord du coude de l'Oubanghi se placent les sources du Chari, autre grand fleuve, qui se dirige en sens inverse vers le nord-ouest et aboutit au lac Tchad, dont il est le principal affluent. Du coude de l'Oubanghi au point où le Chari commence à être navigable, on estime qu'il y a une distance de 500 kilomètres. Le pays intermédiaire n'a pas encore été exploré ; mais des considérations de géologie générale permettent d'induire que le faîte des deux bassins est à peine accusé et présente de grandes plaines uniformes, au travers desquelles il sera facile, dans l'avenir, de relier les voies navigables du Chari et de l'Oubanghi, soit par chemin de fer, soit même peut-être par canal.

Il y a là une ligne de pénétration très remarquable du Congo français vers le lac Tchad.

Passons au Sénégal.

C'est surtout de ce côté qu'ont porté, depuis quelques années, les efforts de pénétration de la France vers le Soudan, et nous avons suivi avec une patriotique attention les progrès réalisés par notre pays dans le Soudan occidental, ainsi que sur les côtes de Guinée et de l'Atlantique. Une série d'expéditions militaires et de reconnaissances conduites avec méthode, suivant un plan d'ensemble dû au colonel Gallieni, ont réussi à conquérir à la France de vastes territoires et à nous créer de toutes pièces une colonie nouvelle, formant un tout homogène entre les vallées du haut Sénégal et du haut Niger et les plateaux du Fouta-Djallon. C'est ce qu'on entend couramment appeler le *Soudan français*. En outre, nos canonnières ont descendu à deux reprises le haut Niger jusqu'à Tombouctou, une première fois en 1887 et une seconde fois, tout récemment, à la fin de 1889.

Ce sont là déjà des résultats considérables. Cependant, il ne faut pas nous dissimuler que ces régions du haut Niger et du haut Sénégal n'ont pas, à beaucoup près, la fertilité ni la richesse des autres régions similaires du Soudan, — par rapport auxquelles il est aujourd'hui reconnu qu'elles présentent une infériorité marquée. C'est incontestablement la partie la plus pauvre et la moins productive du bassin du Niger et *a fortiori* du Soudan, et il est permis de dire qu'avoir donné le nom de *Soudan français* à un aussi maigre butin, traduit peu d'ambition de notre part.

Il est vrai que, depuis 1887, une évolution des plus remarquables s'est produite dans l'extension du Soudan français. Un mouvement a été opéré avec succès pour souder nos territoires du haut Sénégal et du haut Niger à nos établissements de la côte Atlantique et du golfe de Guinée.

Tout Français éclairé doit approuver cette extension du Soudan français vers le sud. Tout le monde est d'accord sur les ressources naturelles de la province des Rivières du Sud et sur l'importance commerciale de Fouta-Djallon. Tous, nous avons applaudi le capitaine Binger au retour de sa magnifique exploration du haut Niger au pays de Kong et au Grand-Bassam, et tous, nous savons aujourd'hui quel beau et vaste domaine notre vaillant compatriote a su découvrir dans la boucle du Niger et conquérir pacifiquement à son pays (1). Tous, enfin, nous devons faire des vœux ardents pour que l'œuvre si bien commencée dans ces parages, soit soutenue avec vigueur par le Gouvernement et poursuivie avec persévérance par nos nationaux.

La seule réserve, toutefois, que nous formulerons est celle-ci : il ne faudrait pas qu'en regardant trop obstinément au sud du Soudan français, on perdît de vue l'objectif principal, qui est à l'est. Autant la nouvelle orientation du Soudan français peut être féconde, en nous donnant une série de points d'appui solides et de débouchés sur la côte, autant elle deviendrait néfaste, si elle était exclusive et devait nous faire renoncer au Soudan central : — auquel cas, le programme primitif aurait complètement dévié.

Le but principal, c'est le Centre-Afrique ! Ce qu'il nous faut viser avant tout, c'est la domination du Niger moyen, depuis Tombouctou jusqu'aux chutes de Bousah, et des régions intermédiaires entre le Niger moyen et le lac Tchad, entre l'Aïr et le Congo français. C'est là que sont les royaumes riches, les grandes villes, les populations ayant déjà quelques teintures de civilisation, une industrie naissante et certaines notions d'agriculture. D'ailleurs, pourquoi, si nous pouvons conquérir un grand empire, nous contenter de quelques provinces ? Cet empire vaudra bien, certes, la peine qu'on se donnera pour le fonder.

Qu'attend-on pour donner ordre à nos canonnières de dépasser Tombouctou et de faire flotter notre pavillon sur le Niger moyen et sur le Sokoto ? C'est pourtant bien facile, et il y a longtemps que cela devrait être chose faite.

---

(1) Voir la communication faite par le capitaine Binger à la quatrième section de la Société de géographie commerciale de Paris et intitulée : Transactions, objets de commerce, monnaies des contrées entre le Niger et la Côte d'Or (*Bulletin de la Société de Géographie commerciale*, tome XII, n° 2, 1889-1890).

Pourquoi, ajouterons-nous, quand les grands pays colonisateurs indiquent sur leurs cartes les régions qu'ils se proposent de faire entrer dans leur sphère d'action et d'influence, afin de parler, d'une manière tacite, mais efficace, aux yeux de leurs compatriotes, afin de créer ainsi, peu à peu, dans toutes les classes de la nation, une politique, une tradition, une ambition coloniale, pourquoi n'en faisons-nous pas autant? C'est ce que l'un de nous, dans une conférence récente, essayait de faire, pour sa faible part et sous sa propre responsabilité, en esquissant à grands traits, sur la carte de l'Afrique occidentale, ce que nous devons entendre par Soudan français, ce que doit être et peut être un jour, si nous savons prévoir et vouloir, notre futur empire africain (1). Ne craignons pas de le dire bien haut et de le répéter.

Distinguons, d'une part, nos possessions actuelles, — colonies proprement dites, ou pays de protectorat, ou zones d'influence reconnues ou sur le point de l'être, — et, d'autre part, les territoires sur lesquels nous comptons étendre notre domination —, soit directe, soit simplement économique (voir la carte ci-jointe de l'*Afrique française*).

Premièrement, résultats acquis ou devant être considérés comme acquis. Au nord, nous avons l'Algérie et la Tunisie, avec leurs dépendances méridionales, le Sahara français; mais gardons-nous d'admettre que notre Sahara soit étranglé vers le sud, ainsi que l'indiquent les cartes étrangères; n'hésitons pas, au contraire, à le représenter largement ouvert jusqu'au Touat et In Salah et à le prolonger jusqu'au pays des Touareg; nous verrons plus loin, d'ailleurs, que c'est rigoureusement notre droit. A l'ouest, nous avons ensuite le Sénégal, avec ses dépendances actuelles du Soudan occidental; celles-ci doivent être figurées comme s'étendant vers l'est, par les régions du Haut-fleuve et du haut Niger, par le Massina et le pays de Tombouctou et par l'intérieur de la boucle du Niger, jusqu'à la rive droite du Niger moyen; vers le sud et vers le sud-ouest, on sait com-

(1) A la suite de cette conférence et comme confirmation, M. le comte de Bizemont, président de la Commission centrale de la Société, annonçait que « la Société de géographie de Paris fait en ce moment préparer une carte qui, sans aucun caractère officiel, donnera le champ de la sphère d'influence à laquelle la France, sans ambitionner le domaine des autres États, peut raisonnablement prétendre ». (*Compte rendu* de la séance du 7 mars 189?.)

ment elles se relient au Grand-Bassam par le pays de Kong et aux Rivières du Sud par le Fouta-Djallon, qui est à englober également ; vers le nord, nos possessions vont, sans conteste, jusqu'à la baie et à l'île d'Arguin. Enfin, au sud de l'Afrique occidentale, nous avons le Gabon-Congo, qui se prolonge, avons-nous dit, vers le nord jusqu'aux limites du Soudan central (1).

Secondement, territoires considérés comme devant rentrer dans notre sphère d'influence. Marquons d'abord avec assurance la plus grande partie du Soudan central, le Bornou, le Baghirmi, à l'ouest et au sud du Tchad, — empires qui sont encore libres de toute attache et où il ne tient qu'à nous d'arriver les premiers —; ajoutons même. à l'est du Tchad, le Ouaday, bien que de ce côté l'intérêt soit moins évident pour nous. Au sud et au sud-est du Baghirmi, relions largement, et en tout cas, le bassin du Chari au bassin de l'Oubanghi, et traçons au sud-ouest, entre le Baghirmi et l'Adamaoua, une ligne provisoire de démarcation, — à préciser ultérieurement, — entre la zone d'influence française et la zone dépendant de la colonie allemande du Cameroun ; réservons-nous aussi vers l'est, par le bassin de l'Oubanghi supérieur (et le long de la limite nord de l'État libre du Congo), une zone française de pénétration vers la région des grands Lacs. Au nord du Bornou, il va de soi que nous englobons le Damergou, qui confine au pays des Touareg. A l'ouest, nous tracerons au travers du Sokoto une ligne est-ouest de démarcation, — provisoire et à débattre, — entre l'influence anglaise, établie sur les rives du bas Niger et du Bénoué, et l'influence française, à établir d'une manière quelconque, mais continue (au besoin à l'aide de compensations), entre le Soudan central et le Soudan occidental. A partir du Niger moyen, prévoyons aussi une zone d'influence française se dirigeant du nord au sud, au travers du Dahomey, vers nos possessions littorales de Porto-Novo, de Kotonou et de Grand-Popo, et s'interposant ainsi entre les territoires anglais du bas Niger et les territoires allemands de Togo.

Assurément le Dahomey ne semble avoir que peu de valeur en

(1) La limite entre le Congo français et la colonie allemande du Cameroun part de l'embouchure de la rivière Campo sur la côte, suit cette rivière jusqu'à l'intersection du parallèle 2°10' nord, continue droit à l'est le long de ce parallèle jusqu'au méridien 12°40' de longitude est de Paris, puis monte droit au nord le long de ce méridien jusqu'à une latitude encore indéterminée.

lui-même; mais nous pouvons, — considération à ne pas négliger pour l'avenir, — nous ménager par là une ligne directe de communication, par voie de terre, entre le Soudan central et le golfe de Guinée. Ce serait la ligne de sortie la plus courte vers la mer pour les pays limitrophes du Niger moyen et pour le nord de l'empire de Sokoto : il est facile de s'en convaincre en regardant la carte. Ce serait une ligne exclusivement française : en nous la réservant, nous pourrions réparer en partie les conséquences de nos fautes sur le bas Niger. Mais qui se doute de ces choses en France, quand on parle du Dahomey ? Si nous n'y faisons pas le nécessaire, les Allemands de Togo nous y supplanteront; ils l'annoncent sans mystère.

Passons et achevons notre ébauche de la future Afrique française. Pour terminer, il nous reste à opérer la jonction de l'Algérie avec le Soudan occidental et central, en étendant la teinte française sur le Sahara central, c'est-à-dire sur le pays des Touareg, — peuplades actuellement encore indépendantes, — dont le concours nous est indispensable, ainsi que nous le démontrerons, pour tirer parti du Soudan. Les régions touareg rentrent dans la zone naturelle d'influence de l'Algérie vers l'intérieur africain; en les englobant sous notre protectorat, nous ne ferons rien que de logique et d'inattaquable.

Nos ambitions, d'ailleurs, ne sont pas indéfinies; à l'est comme à l'ouest de nos possessions actuelles de la côte méditerranéenne, nous ne rêvons aucune extension territoriale. Laissons, encourageons même loyalement l'Italie à prendre pied en Tripolitaine, l'Espagne au Maroc; que nos sœurs latines viennent à nos côtés planter le drapeau de la civilisation chrétienne sur les foyers les plus ardents du fanatisme musulman, et nous ne pourrons que leur en être reconnaissants; comprenons leurs désirs légitimes d'expansion coloniale, de même que nous tenons à ce qu'on respecte les nôtres. Ne soyons pas exclusifs, ce qui serait d'une mauvaise politique; veillons seulement, du côté tripolitain, à ce que l'on n'empiète pas davantage sur les régions touareg, et du côté marocain, réclamons, le moment venu, une rectification de frontière et la reconnaissance de notre extension vers le Touat. Le Sahara central, du Sud algérien jusqu'à l'Aïr, de l'Adrar jusqu'au pays des Tebou, doit être français.

Voilà, dans ses grandes lignes, comment nous concevons notre programme dans l'Afrique occidentale, et nous le résumerons dans ces quelques mots : **faire un tout de l'Algérie, du Sénégal et du Congo, par le Sahara touareg et par le Soudan central et occidental.** Autrement dit, réaliser l'unité, la cohésion de nos possessions d'Afrique, par la conquête économique de l'intérieur.

Notre pays comprendra-t-il toute la portée de ce programme?

L'œuvre à laquelle nous les convions, bien qu'éminemment pacifique, ne sera pas sans nécessiter quelques efforts; mais elle n'est pas au-dessus de nos forces, et elle peut être tellement féconde dans ses conséquences que nos descendants ne sauront être trop sévères pour la génération actuelle, si celle-ci déserte quand l'heure de la résolution a sonné. Serions-nous donc vraiment assez en décadence pour n'avoir même plus le courage d'étudier ces questions, ni d'en saisir l'importance pour l'avenir?

Mais quoi? nous répondra-t-on, encore des aventures coloniales! notre situation en Europe ne nous interdit-elle donc pas, jusqu'à nouvel ordre, de si hautes visées? notre premier devoir n'est-il pas de songer à la défense du sol national, au lieu d'aller disperser notre action à la surface du globe? regardons du côté du Rhin, du côté des Alpes, plutôt que d'aller au Soudan! A ceux qu'un patriotisme assurément sincère et respectable, mais mal entendu, croyons-nous, fait parler de la sorte, nous répondrons, à notre tour, en reproduisant ici cette éloquente apostrophe de M. Masqueray (1) :

« Qu'est-ce à dire et que ferons-nous maintenant? Il y a des hommes sages qui nous conseillent de renoncer et qui haussent les épaules devant ce qu'ils appellent notre folie. Nous les connaissons depuis longtemps; ils sont très vieux. Ce sont eux qui ont arraché Dupleix de l'Inde, baillonné Lally-Tollendal et soufflé à Louis XV qui signait gaiement l'abandon du Canada : « Après tout, ce n'est qu'un champ de neige. » Ils ont livré aux Anglais tout l'outillage administratif et militaire dont ils se sont servis pour dominer de l'Himalaya à Ceylan et du Sindh à l'Iraouaddy, aux Anglais encore le Québec et le Mont-Royal (Montréal) de Champlain, les grands lacs dont la surface égale le quart des eaux douces répandues sur le globe, les territoires immenses du Far-West canadien, et, ce qui est un crime, des milliers de Français devenus des millions séparés de nous pour jamais. Nous

(1) *Journal des Débats* du 11 novembre 1889.

les avons vus, ces sages, disputer l'Algérie à notre armée et à nos colons pendant seize ans. Les fièvres, les dysenteries, les insuccès, les défaillances, les tâtonnements de la première heure, la résistance très naturelle des indigènes, la religion musulmane, tout leur était bon pour tenter de nous réduire, en plein dix-neuvième siècle, au rôle de la Suisse ou de la Serbie. Ils ont dit, en 1763, que nous avons bien assez d'occupations au dedans ou sur nos frontières pour nous dispenser de courir les aventures; ils l'ont répété en 1830, en 1846, en 1880, hier encore; comme si la France n'avait pas eu des ennemis autour d'elle quand Louis XIII envoyait Jacques Cartier dans le Saint-Laurent, comme si la première charte octroyée à la Compagnie concessionnaire de la Nouvelle-France n'avait pas été datée par Richelieu du siège de La Rochelle, comme si l'on ne s'était pas battu sur le Rhin, sur les Alpes et dans les Flandres, quand Colbert mettait la main sur les Antilles, sur les Indes et sur Madagascar. La vérité est que la grandeur coloniale de la France ne se sépare pas de sa grandeur européenne. La France transmarine et la France d'en deçà du Rhin ne sont qu'une France. Elles tombent ensemble. Qui combat l'une est ennemi de l'autre. »

V

PÉNÉTRATION DU SOUDAN PAR L'ALGÉRIE — NÉCESSITÉ D'UN CHEMIN DE FER TRANSSAHARIEN

Le but étant défini, voyons comment l'atteindre.

Nos trois points de départ sont donc l'Algérie, au nord; le Sénégal, à l'ouest, et le Gabon-Congo, au sud.

De ces trois colonies, si l'on considère le Soudan central, c'est le Gabon-Congo qui en est le plus proche, et si l'on considère le Soudan occidental, c'est le Sénégal. Et cependant, pour toutes les raisons que nous allons exposer, c'est l'Algérie seule qui nous offre une base solide de pénétration : le seul moyen de réaliser vraiment et pratiquement la conquête économique du Soudan, c'est le chemin de fer transsaharien.

Loin de nous la pensée de vouloir mettre en antagonisme nos trois grandes colonies africaines, qui toutes trois, au contraire, doivent concourir au but commun : le Soudan central. Loin de nous l'intention de méconnaître que, si l'Algérie seule peut consolider l'œuvre, c'est au Congo et au Sénégal qu'il appartient de la préparer, et si peu que nous en ayons dit à cet égard, nous avons fait comprendre que c'est du Congo, par l'Oubanghi et le Chari, et du Sénégal, par le Niger moyen et le Sokoto, que doit être donné le signal d'une action rapide, afin d'assurer à notre pays la possession des territoires du Soudan central auquel il peut encore prétendre. Mais supposons nominalement créé notre futur empire du Soudan, du Sénégal au lac Tchad et du Tchad au Congo : le Congo et le Sénégal seront-ils à la hauteur de la tâche pour en tirer parti ?

Le Gabon-Congo est une colonie de grand avenir, nous en avons la confiance ; mais elle n'en est qu'à ses premiers débuts, et d'ici longtemps l'activité de ceux qui en ont la charge sera entièrement absorbée par les soins de son organisation intérieure, par la mise en valeur de ses ressources naturelles, par la construction du chemin de fer projeté de Brazzaville à la côte par le Niari-Kouilou, par l'ouverture des échanges commerciaux avec l'intérieur, etc. En l'état actuel, cette colonie est encore trop rudimentaire, pour que, avec son éloignement de la métropole et son climat tropical, elle nous offre une base sérieuse de pénétration vers le Soudan central. Plus tard, il n'est pas douteux que le Gabon-Congo ne soit destiné à bénéficier largement de notre installation dans le bassin du Tchad, grâce à sa proximité relative ; les voies navigables du Chari, de l'Oubanghi et du Congo deviendront un jour une ligne importante de trafic pour nos marchandises, concurremment avec le Bénoué et le bas Niger, — dont la navigation, nous le répétons à dessein, reste libre pour nous — : mais ce sont là des perspectives assez lointaines, et, pour le moment, nous devons considérer le Gabon-Congo comme le but final de notre marche vers le sud, et non comme son point de départ.

Pour ce qui est de notre colonie si intéressante du Sénégal, nous n'en parlerons pas dans les mêmes termes. Nous sommes les premiers à la considérer comme un facteur précieux, indispensable dans notre programme de pénétration au Soudan central. Mais il est permis de dire qu'à elle seule, elle n'y suffira pas, et que le concours de l'Algérie lui est nécessaire pour réussir.

Le Sénégal a eu, dans ces derniers temps, des partisans fanatiques, qui ont voulu démontrer qu'il pouvait se passer de l'Algérie pour la conquête économique et l'exploitation du Soudan, tandis que l'Algérie ne pouvait se passer de lui. De semblables exagérations nuisent à la cause qu'elles veulent servir, et ces rivalités de colonie à colonie sont des plus regrettables, quand elles ont des tendances aussi exclusives. En fait de rivalités coloniales, nous ne devons admettre que l'émulation féconde pour le plus grand bien de la patrie commune : c'est de la France qu'il s'agit et non de telle ou telle colonie.

Conclure de ce qu'on a fait de bien au Sénégal, qu'il n'y a rien à faire et qu'on a eu raison de ne rien faire par l'Algérie, ne résiste pas à l'examen.

Croire, d'ailleurs, qu'il ne reste pas beaucoup à faire par le Sénégal, serait une grande illusion. On devra, d'abord, achever, résolûment cette fois, avec une organisation meilleure et plus économiquement, le chemin de fer de Kayes à Bafoulabé sur Kita et Bammako. A Bammako, on fera un port, un arsenal, des ateliers. On y organisera une flottille de canonnières, qui sillonnera journellement le haut et le moyen Niger et le Sokoto, puis qui sera suivie d'une petite flottille de commerce. Tels sont évidemment les premiers articles du programme de notre action par le Sénégal.

Nous devons tous faire des vœux ardents pour qu'il réussisse ; mais ce serait un tort que de vouloir se dissimuler les difficultés contre lesquelles nous aurons à lutter de ce côté. Deux objections principales ont été faites.

La première et la plus sérieuse est le peu d'importance de notre établissement commercial à la côte. Quelques rares maisons à Dakar et à Saint-Louis, faisant un commerce limité, ne pourront suffire à l'accomplissement du plan gigantesque de l'exploitation du Soudan. Il a été répondu que le commerce se développerait au fur et à mesure des moyens créés; mais cela n'est pas certain. Le Sénégal a mauvais renom ; la côte est malsaine ; la plaine traversée par le fleuve est submergée pendant l'hivernage et inhabitable pendant la saison chaude ; enfin le fleuve n'est navigable que pendant quelques mois de l'année et les autres moyens de transports sont nuls. Malgré les efforts du gouvernement, ces conditions défavorables ne disparaîtront pas complètement ; la base commerciale de cette colonie ne s'élargira que bien lentement ; les capitaux n'y afflueront pas assez pour soutenir l'œuvre commencée.

Une autre objection, c'est que le Sénégal offre une base également insuffisante au point de vue stratégique. Le territoire de la colonie proprement dite est bien restreint comme base d'opération, relativement à l'étendue des régions que nous avons déjà conquises dans le Haut-fleuve, dans le haut Niger et à l'intérieur de la boucle du Niger,— et surtout relativement aux régions de plus en plus éloignées que nous nous proposons de dominer de Tombouctou au lac Tchad. De plus, pour une expédition un peu importante, il faut tout apporter de France à Saint-Louis, et au manque de moyens de transport s'ajoute la difficulté du climat, qui ne permet guère aux Européens la marche ni les fatigues.

Il y a peut-être de l'exagération dans ces critiques; mais elles ont beaucoup de vrai. Quant à nous, après y avoir mûrement réfléchi, nous dirons : en persistant à n'agir que par le Sénégal, vous n'arriverez pas à dominer effectivement et commercialement le Soudan central, ni même le Soudan occidental; sans l'intermédiaire de l'Algérie, vous ne pourrez pas mener votre œuvre à bien, la conduire avec ensemble et la consolider.

C'est par l'Algérie qu'il faut agir aujourd'hui, et sans plus tarder, en même temps que par le Sénégal et le Congo! Mais pour agir par l'Algérie, il n'est qu'un moyen pratique : la relier au Soudan par un chemin de fer transsaharien.

Et d'abord, en ce qui concerne la possibilité de construire un chemin de fer au travers du Sahara, la question ne se pose même plus. Les missions envoyées il y a dix ans au Sahara ont fait la lumière complète sur le côté technique du problème. Nous savons aujourd'hui que le désert africain ne sera pas un obstacle pour nos ingénieurs, et que ni les sables, ni les accidents de terrain, ni le manque d'eau ne nous arrêteront, si nous savons choisir convenablement notre tracé. Aux plus sceptiques, d'ailleurs, on peut montrer l'exemple du chemin de fer Transcaspien, établi avec succès par les Russes dans les déserts de l'Asie centrale, où ils ont rencontré des conditions analogues et même plus difficiles que celles où se trouvera le Transsaharien.

Le Transsaharien se fera donc facilement le jour où nous voudrons. La vraie question est de savoir s'il est opportun de le faire.

Or, on ne peut changer la géographie. L'Algérie est à la porte de la France; c'est même, avons-nous dit, le prolongement naturel de la France : c'est un point de départ autrement avantageux que le Sénégal en raison de sa proximité immédiate. L'Algérie est sur la route directe de la France au Soudan, tandis que le Sénégal est tout à fait excentrique. L'Algérie nous offre une large base d'opération sur la Méditerranée, d'où la pénétration vers le sud se fera par concentration sur les régions touareg, et non par éparpillement de nos forces, comme la pénétration par le Sénégal.

L'Algérie est organisée puissamment au point de vue militaire. D'Algérie, tous les moyens abondent dès aujourd'hui pour faire des colonnes expéditionnaires dans le Sud. Avec le chemin de fer Transsaharien, il nous sera toujours possible d'envoyer en deux jours un bataillon de tirailleurs dans le Sahara central, et en trois ou quatre jours au Soudan; les Touareg et les populations de l'intérieur seront sans cesse sous le coup d'une intervention de notre part; les entreprises commerciales de nos nationaux seront, à tout moment, sous la protection de la mère-patrie; les traités passés avec les royaumes du Soudan auront constamment un appui efficace et ne risqueront pas de devenir lettre morte. En un mot, notre domination économique ne restera pas un vain mot.

L'Algérie fait aujourd'hui partie intégrante de la France, à tel point qu'en cas de guerre européenne, elle serait certainement un des objectifs de nos ennemis. Tout ce qui fortifiera l'Algérie fortifiera donc la France. Les chemins de fer de pénétration vers le Sud algérien ont déjà un intérêt avéré pour prévenir ou réprimer les insurrections des nomades de notre Sahara : quant au chemin de fer Transsaharien, il aura un intérêt plus grand encore pour parer, dans l'avenir, aux éventualités redoutables que doivent faire craindre les progrès du fanatisme musulman dans l'Afrique du Nord et qui peuvent menacer gravement un jour la sécurité de l'Algérie.

Voilà, en quelques mots, pour le côté stratégique de la question.

Pour ce qui est du côté spécialement économique et comme base d'opération commerciale, l'Algérie ne saurait admettre davantage la comparaison avec le Sénégal. Nos quatre provinces de la côte méditerranéenne sont arrivées, en effet, à un bien autre état de développement, d'organisation et de richesse, et elles offrent des ressources qu'il serait vraiment déplorable de ne pas utiliser pour la pénétration du Soudan. « C'est l'argent de cette côte, comme l'a dit fort bien M. Marbeau dans *la Revue française*, qu'il faut lier à la force de production du Soudan. »

Les colons algériens sauront, sans aucun doute possible, tirer parti des facilités que leur donnera le Transsaharien pour aller au Soudan et y nouer des relations; simples intermédiaires ou intéressés directs, ce sont eux qui sont les plus aptes à devenir les agents effectifs de l'œuvre commerciale à entreprendre dans l'intérieur; ils représentent une force vive qu'il faut savoir utiliser. Un moment viendra enfin où l'Algérie fournira elle-même les moyens d'expansion : la mère-patrie serait coupable de ne pas lui frayer le chemin.

On objectera que de l'Algérie au Soudan, il y aura 2,000 à 3,000 kilomètres de chemin de fer, et que les marchandises de peu de valeur, à importer ou à exporter, ne supporteront pas les frais de transport par voies ferrées sur un aussi long parcours ; on ajoutera que les voies navigables seront bien plus économiques et que le principal transit se dirigera, non vers l'Algérie par le Transsaharien, mais soit vers le bas Niger par le Bénoué, soit vers le Congo par le Chari et l'Oubanghi, soit vers le Sénégal par le Sokoto et le Niger moyen et supérieur. C'est possible et même probable.

Mais même étant admis que le Transsaharien ne dût pas faire ses frais, il n'en représenterait pas moins une dépense nécessaire dans la balance générale de l'entreprise. Tant mieux pour nos colonies du Sénégal et du Congo, si elles sont les premières à bénéficier du Transsaharien : car là, comme en Algérie, c'est toujours la France ; mais encore faut-il, pour que le Sénégal et le Congo aient un trafic important avec l'intérieur, que nous arrivions à nous y établir solidement, et, sans le Transsaharien, nous n'y arriverons pas. Si les voies navigables sont démontrées réellement beaucoup plus économiques, les maisons de commerce de Bordeaux et de Marseille préféreront évidemment s'en servir pour le transit de leurs marchandises ; mais quand les agents de ces maisons voudront se rendre eux-mêmes au Soudan, afin d'y voir à leurs affaires, il n'est pas douteux qu'au lieu de mettre trois ou quatre semaines pour arriver à Tombouctou ou à Kano par le Sénégal et le Niger, ils adopteront le moyen de transport le plus rapide et prendront le chemin de fer Transsaharien, qui les conduira en quelques jours à destination, au travers de pays salubres.

D'ailleurs, il ne faudrait pas être trop affirmatif contre les chances de trafic du Transsaharien. Tout le long de la ligne, il y aura certainement, d'une station à l'autre, des échanges qui se développeront peu à peu. Quant aux marchandises à transporter d'une extrémité à l'autre, les tarifs pourront, par le fait même qu'il s'agira de longs transports sans transbordement, être réduits et abaissés notablement jusqu'à 0 fr. 02 c. ou 0 fr. 03 c. par tonne kilométrique ; nous citerons l'exemple des chemins de fer transcontinentaux des États-Unis, qui prouvent qu'avec une exploitation bien entendue, les marchandises de peu de valeur elles-mêmes supportent parfaitement les frais de transport par voie ferrée sur des longueurs de 2,000 kilomètres et davantage.

Enfin, les avis sont partagés sur le bon marché des routes fluviales pour le drainage des produits du Soudan. On peut observer, en effet, que les marchandises auront toujours à subir un premier trajet par voie de terre jusqu'à l'endroit où les grands fleuves deviennent navigables, puis un second trajet jusqu'à leur embouchure, puis un troisième par mer : d'où deux transbordements, plus un détour énorme à destination d'Europe. On peut ajouter, en ce qui concerne le bas Niger, que son embouchure se trouve sur une côte inhospitalière et excessivement malsaine, où il ne paraît guère possible de créer une colonie suffisamment organisée et des installations suffisamment outillées pour servir de porte de sortie principale au commerce du Soudan central. On peut, au contraire, soutenir que l'Algérie, avec ses ports et son réseau de voies ferrées, avec son climat sain, avec ses colons, remplit toutes les conditions requises pour devenir l'entrepôt des produits de l'intérieur, et que le Transsaharien, voie directe, voie rapide et sûre vers le nord, luttera victorieusement, dans beaucoup de cas, avec les voies navigables.

Tout au moins, la question est-elle discutable. C'est à l'avenir qu'il appartient d'y répondre. Pour le moment, il doit nous suffire d'avoir démontré que le Transsaharien sera le seul moyen de pénétration efficace au Soudan.

Enfin, un dernier argument en faveur du Transsaharien est qu'il nous permettra de faire tomber la résistance et l'hostilité des populations touareg, de conquérir influence et action sur elles et de nous en servir pour arriver promptement à dominer tout le nord du Soudan central et occidental. C'est là une considération capitale dans nos projets sur l'intérieur africain, et la question touareg a trop d'importance pour que nous n'y insistions pas tout particulièrement.

VI

LA QUESTION TOUAREG, SON ÉTAT ACTUEL ET SA SOLUTION

A en juger par les cartes étrangères du nord de l'Afrique, l'extension de l'Algérie et de la Tunisie vers le Sud serait singulièrement rétrécie, sinon encore fermée.

D'une part, l'empire du Maroc est représenté comme englobant, au sud-est, tout le cours de l'Oued Messaoura, avec le Gourara, le Touat, le Tidikelt et In Salah, et la teinte correspondante barre effrontément, dans le sud, tout le Sahara de nos provinces d'Oran et d'Alger. Ce sont là des attributions absolument fantaisistes, qui ne reposent sur aucun droit, contre lesquelles nous ne devons cesser de protester et qu'il est déplorable de voir reproduites aveuglément par beaucoup de cartes françaises; mais il y a là une tactique voulue d'empiétement contre nous, tactique que nous devons discerner, si nous voulons la déjouer.

D'autre part, la régence de Tripoli pousse deux pointes vers l'ouest, au sud de la Tunisie, et s'avance jusqu'aux villes de Rhadamès et de Rhat. De ce côté malheureusement, il s'agit de faits accomplis; car les Turcs tiennent garnison dans ces deux villes.

Entre ces dépendances méridionales, réelles ou supposées, du Maroc et de la Tripolitaine, il existe, au sud de la province de Constantine, une région intermédiaire, où l'absence de teinte, même sur les cartes étrangères, indique que, de l'aveu de tous, elle n'est encore entrée dans la zone d'influence d'aucune puissance établie sur le littoral :

c'est le pays des Touareg (sing. *Targui*, pl. *Touareg*), qui comprend tout le Sahara central et de là s'étend jusqu'au Soudan.

Le pays des Touareg n'est pas moins remarquable aux points de vue orographique et hydrographique qu'aux points de vue politique et commercial.

Il présente un système montagneux formé de grands plateaux en relief, séparés par de larges couloirs et limités par des flancs abrupts, donnant lieu parfois à des chaînes déchiquetées. Au milieu se dressent les monts Hoggar, large protubérance, flanquée de terrasses étagées et surmontée de volcans éteints, dont les cimes atteignent des altitudes de 1,500 à 2,000 mètres : c'est le nœud orographique du Sahara central. C'est en même temps le faîte de séparation de plusieurs bassins hydrographiques d'étendues immenses : au nord, le bassin de l'Igharghar, en pente vers le bas-fond du chott Melrir (auquel les chotts Rharsa et Djérid font suite à l'est vers la Méditerranée); au sud-est, le bassin également fermé du lac Tchad, à l'intérieur du Soudan central; au sud-ouest, le bassin du Niger, vers le golfe de Guinée (et peut-être encore au nord-ouest, un quatrième bassin, celui du Draa, vers l'océan Atlantique).

Les peuplades touareg n'ont pas, à proprement parler, de gouvernement. Ce sont des confédérations indépendantes, à peine liées entre elles par des arrangements passagers, comme étaient, avant la conquête française, les nomades de notre Sahara algérien, Ouled Naïl, Chaamba et autres. On y distingue cinq grandes confédérations : — au nord, les Azdjer et les Hoggar, qui nous intéressent plus particulièrement, parce qu'elles confinent au Sahara algérien ; — à l'ouest, les Taïtok, dont on ignorait l'existence comme confédération à part, mais dont il a été beaucoup parlé, depuis quelque temps, à propos des Touareg détenus en Algérie (1); — enfin, au sud, les Kel-Owi ou Kel-Aïr et les Aouélimmiden, qui confinent au Soudan central et occidental. Chacune de ces confédérations comprend elle-même plusieurs tribus, ayant leurs individualités et leurs traditions, et les groupements peuvent s'y modifier avec le temps.

Ces diverses tribus nomades sont maîtresses des routes qui traversent leurs zones respectives de parcours, et, d'une manière géné-

(1) Voir les articles de M. Masqueray dans le *Journal des Débats*.

rale, on peut dire que les Touareg règnent sur le grand Sahara, depuis le désert libyque jusqu'à l'Atlantique. De fait, tout le commerce entre la Méditerranée et le Soudan central et occidental se trouve entre leurs mains.

L'Algérie, avant qu'elle ne fût française, avait, elle aussi, sa part dans ce commerce, et M. Duveyrier, notre illustre voyageur chez les Touareg, a souvent rappelé le mouvement important de caravanes qui existait jadis entre les États Haoussa du Soudan central et les États barbaresque de la côte méditerranéenne, par la Sebkha d'Amadrhor et par Ouargla. Mais on sait que, depuis la conquête française, les caravanes du Sahara central se sont entièrement détournées de nous et qu'elles se dirigent aujourd'hui, soit au nord-ouest vers le Maroc, soit au nord-est vers la Tripolitaine. La raison déterminante de ce déplacement des échanges à notre détriment a été, comme chacun sait aussi, l'abolition de l'esclavage dans nos possessions, tout esclave qui touchait le sol français étant déclaré libre. Mais quoi qu'on en dise parfois, la marchandise humaine n'est pas le seul élément de commerce des caravanes venant de l'intérieur africain, et nous n'en voulons pour preuve que le développement croissant du port de Tripoli. Si important et si rémunérateur que soit pour les Touareg le trafic des esclaves, beaucoup de bons esprits croient que nous aurions pu, avec de la persévérance, y substituer peu à peu d'autres échanges et renouer des relations commerciales avec les Touareg, en adoptant vis-à-vis d'eux une politique adroite et en sachant profiter des tendances amicales des Touareg Azdjer à notre égard.

Car, quand on parle des Touareg et de leurs dispositions envers nous, il importe de distinguer de quelle confédération il s'agit. Les Touareg Hoggar nous sont incontestablement hostiles; mais il en est ou, du moins, il en était autrement des Touareg Azdjer.

Les diverses fractions de Touareg, en effet, bien qu'ayant la même origine, ont des traditions fort différentes, suivant leurs relations séculaires avec les pays voisins. Leurs relations relevaient autrefois plus spécialement, soit du Maroc, soit de l'Algérie, soit du Soudan, d'après leurs positions respectives par rapport à ces contrées, d'après l'origine ou la destination des caravanes qu'ils conduisaient. Or, les relations des Azdjer étaient avec l'Algérie; elles étaient pour eux une source d'aisance et de bénéfices, et la tradition s'en est conservée chez eux.

Cette tradition était encore vivace quand le maréchal Randon essayait, par l'intermédiaire du général Margueritte, de renouer nos anciennes relations avec les Azdjer. Ce fut alors également, de la part des Azdjer, la volonté très ferme et très intelligente de les rétablir qui facilita nos rapports avec le cheikh Othman, chef de la grande fraction des Ifogha et fondateur de la zaouïa des Timassinin, et avec Si El Hadj Akhenoucken, chef de la tribu noble des Oraghen et de la confédération des Azdjer. C'était l'idée d'enrichir leur pays, en rétablissant les communications avec la France, qui les guidait, quand ils conduisirent chez eux, sous leur protection, Si Ismaïl Bou Derba et M. Duveyrier. C'était enfin le même espoir qui décidait le vieux cheikh Othman à venir lui-même chez nous, à Alger et jusqu'à Paris.

Cheikh Othman est mort sans avoir vu son rêve réalisé, et il est triste de penser qu'aujourd'hui nous sommes moins avancés que du temps du maréchal Randon.

Depuis lors, tandis que nous négligions ces questions cependant si intéressantes pour l'avenir de l'Algérie, le grand mouvement panislamique, dirigé avec tant de vigueur par les Senoussya de Tripolitaine, gagnait la région touareg, où il réussissait à fanatiser des populations musulmanes auparavant modérées, et s'étendait jusqu'à prendre contact avec le mouvement également religieux et plus spécialement antifrançais, dont le foyer est au Maroc et au Touat. Aujourd'hui, ce n'est plus seulement une barrière commerciale qui ferme nos possessions d'Algérie et de Tunisie à leur sud, c'est en même temps une barrière religieuse, faite de fanatisme et de haine contre nous. Les massacres de nos voyageurs, de nos missionnaires, de Flatters et de ses compagnons, de Palat, de Douls, sont là pour en faire foi !

Il n'est pas douteux cependant que les Azdjer n'aient mieux résisté que le reste des Touareg à cette propagande antifrançaise, et le fait est que nous n'avons absolument rien à leur reprocher.

Lors de sa première mission, en 1880, le colonel Flatters était bien inspiré en se dirigeant d'abord chez les Touareg Azdjer, et il est faux de dire, comme on l'a écrit, que les Azdjer lui refusèrent le passage. Notre ancien ami Akhenoucken ne mérite pas que sa mémoire soit chargée d'une pareille accusation. La vérité est qu'Akhenoucken répondit à la lettre par laquelle le colonel Flatters lui avait demandé passage, en lui écrivant une autre lettre, qui est connue : il était, au contraire, décidé et prêt à faciliter la route de la mission française ; mais Flatters était reparti pour rentrer à Ouargla, avant même d'avoir reçu la réponse d'Akhenoucken. Il était reparti parce que sa caravane était mal organisée et qu'elle n'avait pas suffisamment de vivres, parce qu'il ne se sentait pas assez maître de l'esprit et de la volonté des indigènes qui la composaient, et aussi parce que les habitants de la ville de Rhat étaient hostiles.

De retour en France, Flatters résolut de s'adresser à Ahitarhen, le principal personnage des Hoggar, dans le pays duquel la seconde mission s'engagea, en effet, au delà d'Amguid. On sait la suite et la trahison dont elle fut victime, et l'on sait également sur qui retombe la responsabilité de ce crime : — les Hoggar, poussés par les marchands de Tripoli, — les gens d'In Salah, poussés par les Ouled Sidi Cheikh, — et les Senoussya.

Mais les Azdjer en sont tout à fait innocents. Ce sont même les Ifogha des Azdjer qui avaient conduit Flatters à Amguid, et qui, après le désastre, recueillirent les derniers débris de la mission Flatters et les rapatrièrent à Ouargla. Ils furent aussitôt punis de nous avoir servis, et leur chef écrivait peu après : « Les Hoggar ont envoyé deux ghezzou, l'un qui a suivi le colonel et l'autre qui nous a razziés, nous Ifogha, et cela à cause de vous et parce que nous sommes allés à vous. L'ami ne devient pas ennemi. » Promesse faite, parce qu'alors ils pensaient que nous tirerions une vengeance immédiate du massacre de nos compatriotes.

Près de dix ans se sont écoulés, et leurs ossements blanchis jonchent encore sans sépulture le sol du grand Sahara !

On s'est fait un épouvantail des Hoggar, sans vouloir comprendre que ces hordes indisciplinées et peu nombreuses, avec leurs lances et leurs fusils à pierre, sont, par rapport à nous et même à nos Arabes, armés et commandés par nous, une quantité absolument négligeable militairement parlant. Nous n'en voulons d'autre preuve que la mission Flatters elle-même : les quatre-vingt-dix fusils qu'elle comptait étaient invincibles, en restant groupés, et pouvaient braver tous les Touareg de la terre. Ce n'est pas en bataille rangée que Flatters est tombé, mais dans un guet-apens, où sa confiance l'a fait tomber.

Drame épouvantable ! mais, quand on analyse froidement les choses, simple accident par imprudence, sans autre importance que la surprise d'une troupe d'éclaireurs au début d'une campagne. Il n'y avait, certes, pas là de quoi s'arrêter net devant toute tentative de pénétration au Soudan par l'Algérie.

Au Sahara, toutefois, l'événement a pris les proportions d'une grande défaite, et comme, depuis lors, nous n'avons plus rien tenté, les Touareg sont maintenant convaincus de notre impuissance. Ils nous méprisent, en attendant qu'ils nous bravent.

Les Azdjer eux-mêmes, comme les autres, doivent croire à notre faiblesse et ne plus guère compter sur nous. Leur ancien chef Akhenoucken, notre partisan, est mort. La querelle pendante entre eux et les Turcs, au sujet de la possession de la ville de Rhat, s'est envenimée ; les Turcs, qui l'occupaient depuis 1876, en ont été chassés ; puis, après de longs pourparlers, ils y sont rentrés. Notre politique, si nous avions une politique saharienne, eût été de soutenir les Azdjer dans cette lutte, au moyen de quelques secours et encouragements, et de les aider à rester maîtres chez eux, ce qui était facile.

Quoi qu'il en soit, notre devoir aujourd'hui est d'ouvrir les yeux sur la situation dans le Sahara central et de savoir dégager la morale des événements et des intrigues qui s'y déroulent depuis quelques années. Pour notre part, nous sommes intimement convaincus que la persistance des Turcs à vouloir occuper Rhat est un symptôme des plus inquiétants, qu'il est l'indice d'une tendance latente, mais indubitable, de leur part, à empiéter de plus en plus sur les régions touareg. Jusqu'à présent, ils ont eu les Azdjer contre eux ; mais, au delà, leur influence est grande chez les Hoggar, qui sont liés à Tripoli. Que les Azdjer se réconcilient définitivement avec les Hoggar, ainsi que les Senoussya y travaillent, qu'un arrangement intervienne entre ces deux fractions rivales, et il est très probable que les Turcs seraient amenés, — soit pour contre-balancer l'influence des Senoussya, soit pour complaire à certaines instigations venues d'Europe, — à prendre pied chez les Hoggar. Du coup, les Turcs seraient maîtres jusqu'à In Salah : la Tripolitaine et le Maroc — (et demain peut-être ce seront d'autres noms qu'il faudra mettre à leur place) — se rejoindraient au-dessous de l'Algérie.

L'Algérie serait bloquée. La barrière commerciale et religieuse qui tend déjà à l'isoler dans le Sud deviendrait une barrière politique. Il lui serait à tout jamais interdit d'opérer dans l'avenir son mouvement rationnel d'expansion vers l'intérieur africain.

Le danger est réel, et il importe de le signaler. Le malheur serait irréparable, et il faut le conjurer.

Situation identique à celle que les Anglais avaient dans l'Afrique australe, il y a quelques années. Les Anglais ne voulaient pas que le Cap restât simplement pour eux, — comme l'Algérie reste pour nous jusqu'ici, — une colonie côtière ; ils tenaient à ce qu'elle leur servît de base d'opération pour pénétrer vers l'intérieur du continent noir, c'est-à-dire ici vers le Nord et les grands Lacs : mais, au nord du Cap, le territoire allemand du Namaland menaçait d'opérer sa jonction avec l'État libre d'Orange et la république du Transwaal, ce qui eût barré la route du Cap vers les grands Lacs. Les Anglais n'hésitèrent pas ; ils annexèrent le Betschouanaland, afin de sauvegarder leur extension vers l'intérieur.

Ayons la même perspicacité, et, sachant ce que nous voulons, sachons nous ménager la possibilité de l'accomplir ! Nous sommes menacés de nous voir couper la route du Soudan : prenons les devants, allons pacifiquement, mais résolûment, chez les Touareg, et plantons notre drapeau sur une route qui est nôtre logiquement et qui doit rester nôtre.

Il ne s'agit là ni de conquête, ni d'annexion, mais d'une simple mesure de préservation pour l'avenir. Il ne s'agit nullement de partir en guerre contre les Touareg, ni de se lancer chez eux dans une expédition aventureuse, mais seulement d'affirmer à leurs yeux notre volonté de passer pour nous rendre au Soudan, tout en reconnaissant les droits des pays que nous traverserons. Il ne s'agit pas davantage de provoquer les Touareg, mais, au contraire, de leur montrer notre désir d'entrer en relations amicales avec eux et de servir leurs intérêts, tout en nous servant d'eux pour l'accomplissement de notre programme. Enfin, dirons-nous, il ne s'agit même pas d'engager à fond dès aujourd'hui la question du Transsaharien, mais, du moins, de nous réserver les moyens de donner suite éventuellement à cette grande idée : sur ce terrain, tout le monde devra être d'accord, et ceux mêmes qui ne sont pas encore convaincus de l'utilité de la pénétration au Soudan par l'Algérie, reconnaîtront avec nous que le jour où il serait démontré que la France y a intérêt, il faudrait pourtant que la France pût passer !

Certes, plus qu'aucun de nos lecteurs, nous sommes, en matière d'exploration africaine, de ce que l'on peut appeler l'école des voyageurs français. Pour nous tous, rien n'égale la gloire d'un d'Abbadie, d'un Duveyrier, d'un de Brazza, d'un Binger, marchant sans autre arme que sa volonté et sachant accomplir son œuvre, scientifique ou politique, en apôtre de paix, faisant aimer le nom de la France par son exemple, et accepter sans violence, par la seule force de la persuasion, notre influence ou notre protectorat.

Mais autre temps, autres exigences ; autre pays, autre programme. Au pays des Touareg, à l'heure actuelle, la situation a malheureusement bien changé depuis M. Duveyrier, et, pour arriver promptement et complètement au but que nous nous y proposons aujourd'hui, il serait illusoire d'espérer que des missions de voyageurs isolés suffiront. Aujourd'hui, chez les Touareg, après l'impunité du massacre de Flatters, nous n'avons plus d'amis apparents ; l'élément franchement hostile domine ; le nom de la France est sans prestige. Dans ces conditions, on ne peut qu'admirer le courage héroïque des explorateurs qui veulent encore s'y aventurer à leurs risques et périls ; mais il est permis de douter qu'en dehors de l'intérêt géographique et scientifique des itinéraires parcourus, les avantages doivent être à la hauteur des dangers. D'ailleurs, au point de vue technique, de nouvelles études sur le terrain sont devenues inutiles, et nous en savons assez sur le Sahara dès à présent pour y lancer un chemin de fer quand nous voudrons. S'agirait-il de négociations à engager au point de vue politique ou commercial? les avances les plus amicales, faites avec toute la diplomatie possible par de simples particuliers, n'auraient aucune chance d'être accueillies, sauf peut-être auprès de quelques tribus, et seraient certainement sans effet durable sur l'ensemble des confédérations touareg.

Toute faute se paye. — Nous avons donné aux Touareg la preuve apparente de notre faiblesse : maintenant, ils ne s'inclineront que devant la preuve matérielle de notre force.

C'est donc en force qu'il faut aller chez les Touareg, et cela précisément pour ne rien risquer, pour n'avoir pas à nous battre, pour leur enlever toute velléité de nous résister.

Mais les Touareg sont si peu redoutables pour une troupe disciplinée, armée de fusils à tir rapide, qu'ils se garderont bien de nous attaquer. L'envoi d'une très petite colonne suffira : 200 hommes environ, pas davantage.

Cette petite colonne aura pour mission d'aller installer un ou deux postes en des points convenablement choisis. Nous y construirons des fortins, où nous serons inexpugnables. Auprès de ces fortins et sur la route, nous ferons des sondages artésiens, nous créerons de nouveaux centres de culture, nous organiserons des comptoirs d'échanges.

Malgré leur horreur de l'étranger, les Touareg sont tellement misérables qu'on ne peut douter de l'évolution qui se produira chez eux, quand ils verront notre outillage, nos moyens d'action, nos intentions pacifiques et le bien-être que nous apportons chez eux. Ce sont des sauvages n'ayant idée de rien; il faut les apprivoiser et, pour cela, avoir le courage de s'approcher d'eux. Quand nous aurons créé ainsi à leur portée un ou deux établissements, les relations s'établiront peu à peu et naturellement; ils verront alors que leur intérêt est de venir à nous; nous leur ferons comprendre que nous ne prétendons nullement supprimer les bénéfices légitimes qu'ils retirent de leurs caravanes, mais qu'au contraire, le commerce vers le Soudan peut prendre avec nous un développement inespéré pour eux et qu'ils en resteront les agents.

Du jour où ils auront compris cela, — et cela peut être très prompt, — les Touareg deviendront nôtres; or, les Touareg nôtres, nous serons maîtres de tout le Sahara central, et ce sont eux qui, sans coup férir, nous conduiront au Soudan. Et c'est ainsi que la route de l'Algérie au Soudan par le Sahara, bien qu'elle soit la plus longue, peut être la plus rapide, si nous savons utiliser l'élément touareg (1).

(1) Depuis que ces lignes ont été écrites, il est intervenu un événement d'une certaine importance, dont la nouvelle m'avait été transmise d'Algérie par divers correspondants et que j'ai annoncé à la *Société de Géographie* dans sa séance du 11 avril dernier. Un groupe de Touareg Hoggar, envoyé, dit-on, par le chef de cette confédération, est arrivé vers le 20 mars à El Oued, dans le Souf (Sahara de la province de Constantine), avec mission de nouer des relations avec le gouvernement français.

Il est à souhaiter que cette intéressante démarche porte ses fruits; mais elle ne change rien aux conclusions qui précèdent.

Quelques promesses que l'on échange avec les Touareg, quelque traité que l'on passe avec eux, rien ne sera fait, en réalité, tant que nous n'aurons pas chez eux-mêmes un représentant officiel, soutenu par une force armée en état de le protéger, — tant, en un mot, que nous n'y aurons pas un poste. Que telle ou telle fraction, plus ou moins autorisée, d'entre les Touareg, ait intérêt à venir à nous, c'est possible; mais cela ne veut pas dire que nous puissions aller à eux avec confiance. Ceux de nous qui se décideront à y aller, feront bien de prendre leurs précautions; car c'est le pays, par excellence, de la trahison. — GEORGES ROLLAND.

VII

CRÉATION DE POSTES FRANÇAIS A TIMASSININ ET A AMGUID

Tel doit être le programme de notre action chez les Touareg, programme que l'un de nous a déjà exposé dans son ouvrage sur la *Conquête pacifique de l'intérieur africain* (1).

Il est clair, d'après ce qui précède, que dans cette œuvre d'apaisement et de pénétration, nous devons chercher d'abord à obtenir le concours de nos anciens amis les Azdjer et en faire le pivot de notre politique, pour arriver à rallier ou à soumettre les Hoggar. Malgré les derniers événements, malgré notre apparente abdication, nous pouvons escompter, de la part des Azdjer, un reste de sympathie latente : car « au Sahara, rien ne change ; comme du temps d'Abraham, les amitiés et les haines ont une ténacité, une persistance, qui ont quelque chose de l'éternité ». Avec un peu de savoir-faire, avec quelque générosité, nous devons pouvoir ramener à nous les Azdjer et les utiliser pour vaincre l'hostilité des Hoggar ; mais la première condition est de nous placer à proximité suffisante pour leur fournir un point d'appui et leur apporter une force efficace : c'est donc chez eux que nous devons raisonnablement choisir l'emplacement du premier poste à créer en pays touareg. Puis un second poste devra être établi plus loin, entre les Azdjer et les Hoggar, afin de prendre contact avec les seconds, par l'entremise des premiers. Les deux points qu'on est ainsi amené

(1) Général Philebert. — La Conquête pacifique de l'intérieur africain (E. Leroux, éditeur).

à considérer comme les plus importants à occuper successivement sont, d'abord, Timassinin, à 500 kilomètres au sud de Ouargla, et ensuite, Amguid, à 200 kilomètres au-delà (1).

La petite oasis et la zaouïa de Timassinin appartiennent aux Ifogha des Azdjer, tribu de marabouts essentiellement bien disposée pour nous : c'est la tribu du cheikh Othman, qui a fait tant d'efforts pour nous amener dans son pays. Les Ifogha ont des relations nombreuses avec nos Chaamba, et pendant l'hiver, ce sont eux surtout qui fréquentent le pays d'Amguid. On ne peut donc aborder dans de meilleures conditions les Touareg qu'en posant notre premier jalon à Timassinin, où nous sommes assurés de trouver d'abord aide et secours auprès des Ifogha, puis, par eux, accès facile auprès du reste des Azdjer ; de là, les Ifogha seront ensuite nos meilleurs guides pour nous conduire à Amguid. Arrivant ainsi à Amguid avec l'alliance des Azdjer, nous serons dans une excellente posture pour nous concilier les Hoggar, ou pour les combattre, s'ils nous attaquent, et les châtier alors d'une façon exemplaire, — ce qui serait vite fait.

Amguid est une position dont l'importance exceptionnelle n'est pas généralement connue comme elle le mériterait, et nous tenons à la signaler tout particulièrement (2). Elle n'a pas seulement un intérêt capital par sa situation entre les deux grandes tribus rivales qui se partagent la domination du Sahara central ; elle n'est pas seulement privilégiée sous le rapport de l'abondance des eaux et des conditions favorables qu'on y rencontre pour les cultures ; elle est, en outre, tout à fait remarquable comme point de croisement d'une série de routes commerciales, rayonnant dans toutes les directions. D'Amguid,

---

(1) Nous pouvons soutenir, d'ailleurs, qu'en allant à Timassinin et à Amguid, nous n'empiétons pas sur le territoire des Touareg et que nous y sommes encore chez nous.

Dans ces pays, en effet, il n'y a pas de limites définies, mais simplement des zones de parcours. Rigoureusement parlant, la limite du Sahara algérien, s'il y en avait une, serait le long du bord méridional des grandes dunes ; mais, en principe, les régions qui s'étendent d'Aïn Taïba à Timassinin et à Amguid sont territoires neutres entre Chaamba et Touareg, parcourus alternativement par les uns et par les autres et pouvant aussi bien être revendiqués par les premiers que par les seconds.

(2) Par Amguid, il ne faut pas entendre forcément le point précis où se trouvent les sources et les étangs de ce nom, mais, d'une manière générale, la région de l'Igharghar qui s'étend, depuis le confluent de l'Oued Rharis et de l'Igharghar, sur une cinquantaine de kilomètres, vers l'amont, jusqu'aux étangs d'Arhelachen, où l'Igharghar, à sa descente des monts Hoggar, cesse de couler à ciel ouvert.

une route de caravane conduit, à l'ouest, à In Salah et de là au Touat et au Maroc ; une autre, au nord-est, par Timassinin, à Rhadamès et à Tripoli ; une autre, à l'est, à Rhat et au Fezzan ; une autre,

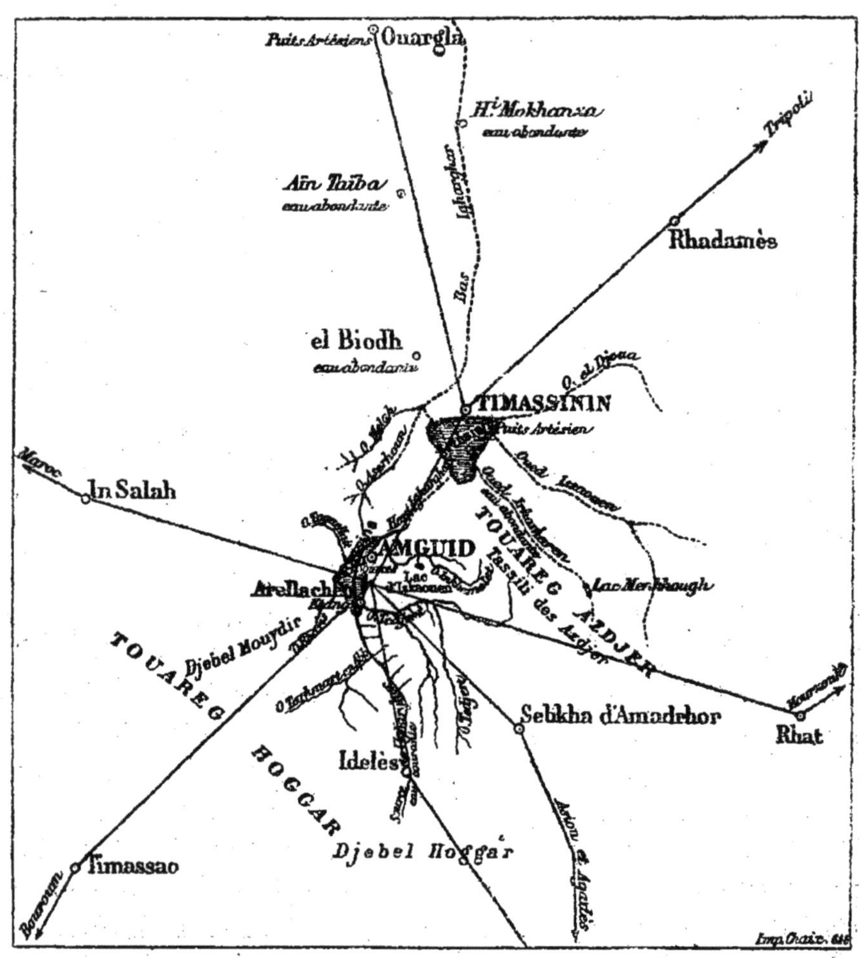

Importance de la position d'Amguid sur la route de l'Algérie au Soudan.

au sud-est, par Amadrhor, à Agadès et aux États Haoussa du Soudan central ; une autre, au sud-ouest, par Timassao, à Gogo ou à Tombouctou, sur le coude du Niger ; — sans compter, droit au sud, la route conduisant par l'Igharghar à Idelès, principale ville du Hoggar, point stratégique d'où l'on commandera tout le Sahara central, et, droit au nord, l'ancienne route qui de Timassinin conduisait à Ouargla et à l'Algérie et qu'il nous appartiendra de faire revivre. S'il est une position qui mérite le nom d'*étoile* de voies de communication, c'est bien celle-là.

Pour nous, dans tout le Sahara, aucun point ne peut rivaliser avec Amguid, et l'on dirait qu'il a été placé là, à notre portée, pour nous tenter.

Ajoutons que d'Amguid nous entraverons déjà considérablement la traite et la vente des esclaves. Pourquoi, aujourd'hui, sommes-nous absolument désarmés contre elles? Parce que nous restons au nord des marchés où les caravanes écoulent leurs produits vivants; mais, à Amguid, nous serons placés au sud des marchés d'In Salah et de Rhadamès, et nous pourrons gêner beaucoup le passage des caravanes d'esclaves qui s'y rendent. De plus, ayant action directe sur les Touareg qui, seuls, font faire aux caravanes d'esclaves la traversée du Sahara, nous les amènerons graduellement à délaisser ce hideux commerce, en y substituant, comme moyens d'existence pour eux, le transport de nos marchandises et leur échange avec les produits du Soudan.

Il y a également un autre point dont l'occupation est souvent déclarée nécessaire et dont il nous faut parler ici : c'est In Salah.

On fait valoir l'importance d'In Salah, tant au point de vue commercial qu'au point de vue religieux et politique. On ajoute que, pour réduire les Touareg, il faut les priver de leurs centres d'approvisionnements, parmi lesquels In Salah figure au premier rang. Récemment encore, à propos de l'assassinat du malheureux Camille Douls, M. Duveyrier souhaitait l'envoi d'une colonne à In Salah, ne fût-ce que pour y montrer notre puissance.

Certes, In Salah devra forcément, à un moment donné, rentrer dans notre sphère d'action. Mais, pour l'instant, nous n'en sommes qu'au début de notre programme de pénétration chez les Touareg, programme qui n'est même pas entamé. Pour commencer, nous ne pouvons aller dans plusieurs directions à la fois, et nous devons faire un choix bien réfléchi entre les divers objectifs qui s'offrent à nous. Or, à notre avis, l'objectif le plus politique n'est pas In Salah; ce n'est pas là qu'est le nœud de la situation.

Aller directement à In Salah, c'est chercher les batailles et les complications. Car il ne faut pas se dissimuler qu'il s'agirait alors d'une véritable campagne et d'une colonne de 2,000 à 3,000 hommes. La prise même des ksour d'In Salah nous serait facile, et il est probable que les habitants, qui ont à se reprocher de nombreux méfaits contre nous, évacueraient la place à notre approche. Mais, après nous en être emparés, nous devrions y installer un poste, lequel serait coûteux et difficile à garder : ce serait un poste tout à fait en l'air, comme on dit ; nous serions là isolés au milieu d'éléments foncièrement hostiles, entre l'ennemi marocain, d'une part, et l'ennemi hoggar, de l'autre. Puis, une fois à In Salah, nous serions amenés fatalement à conquérir les armes à la main tout le Tidikelt et tout le Touat : ce serait une grosse entreprise. Enfin, croit-on que maîtres d'In Salah, nous tiendrions, par cela même, les Touareg Hoggar? nullement; nous ne les tiendrions guère plus qu'actuellement d'El Goléa ou même de Ouargla.

Programme dangereux, programme à rebours de la logique que de commencer par In Salah pour arriver à dompter les Touareg. Combien il semble plus sage et plus adroit d'aller tranquillement à Amguid, avec l'alliance des Azdjer, d'y prendre contact avec les Hoggar, sans provocation aucune, de s'installer ainsi en plein pays touareg, au milieu de leurs affaires, et de devenir insensiblement maîtres, non pas seulement d'un de leurs entrepôts, mais de leurs relations mêmes avec le Soudan! Dès lors, tous les pays qui en sont tributaires, comme In Salah, le Touat, Figuig, nous tomberont d'eux-mêmes et peu à peu dans la main. Comme on dit vulgairement, nous aurons fait d'une pierre deux coups.

Le principe de la pénétration chez les Touareg étant admis, la nécessité d'y créer des postes permanents étant reconnue, il resterait à examiner les moyens pratiques d'exécution. Nous les résumerons tout à l'heure ; mais disons de suite que la question est intimement liée à l'état d'avancement de nos chemins de fer de pénétration vers le sud de l'Algérie, tant sous le rapport des frais d'installation et d'entretien des postes à établir, que sous celui de leur efficacité.

Il est clair, par exemple, que l'envoi d'une colonne expéditionnaire à Timassinin et l'installation d'un poste à cet endroit, — avec les convois de chameaux que comportera l'opération, pour le transport du matériel et des approvisionnements, — coûteront d'autant moins cher et seront d'autant plus faciles que le terminus de la voie ferrée, d'où partiront les hommes, les bagages et les vivres, sera plus près déjà de l'objectif visé. De même ensuite pour le ravitaillement du poste. Le raisonnement a été souvent appliqué aux postes de l'extrême Sud algérien, et il s'applique ici avec d'autant plus de force qu'il s'agit de postes plus avancés.

Une autre vérité, aujourd'hui admise par tous en Algérie, est que le chemin de fer constitue notre arme la meilleure contre les velléités d'insurrection des populations nomades du Sahara. Or, cela sera encore plus vrai en pays touareg. L'arrivée de la locomotive chez les Touareg sera d'un effet irrésistible. Avec une voie ferrée reliant nos postes au littoral, nous serons aussi forts à Timassinin et à Amguid qu'aujourd'hui à Biskra.

« Qu'on n'objecte pas que cette ligne de communication exigera elle-même pour être gardée un effectif nombreux. Non ; au Sahara, les chemins de fer seront établis en plaine, sans tunnels, ni travaux d'art importants ; les détériorations qu'ils pourraient subir seront rapidement réparables au moyen du matériel affluant par les parties restées intactes en arrière, et, d'ailleurs, les populations nomades sont trop étrangères au maniement des outils pour mettre un tronçon important de la ligne hors de service (1). »

La conclusion est que le chemin de fer transsaharien, dont nous avions déjà reconnu la nécessité pour arriver à tirer parti du Soudan, s'impose tout spécialement pour résoudre la question touareg.

---

(1) G. ROLLAND. — Le Chemin de fer de Biskra-Tougourt-Ouargla (Challamel, éditeur).
Ces lignes, écrites pour les chemins de fer de pénétration en pays chaamba, s'appliquent tout aussi bien en pays touareg.

VIII

LES DEUX ÉCOLES CONCERNANT L'OBJECTIF DU TRANSSAHARIEN

Mais quel tracé devra suivre notre chemin de fer transsaharien?

La plus grande confusion n'a cessé, depuis l'origine, de régner à cet égard parmi les partisans mêmes du Transsaharien, et il importerait vraiment de la dissiper. On n'est d'accord ni sur le point de départ, ni sur le point d'arrivée. On se perd en discussions platoniques, passionnées parfois, trop souvent et trop visiblement inspirées par des intérêts locaux, et l'on s'étonne ensuite que le pays, — surtout un pays aussi peu préparé que le nôtre, — reste sceptique en présence de ces affirmations contraires des organes attitrés de l'idée transsaharienne. Commençons par nous mettre d'accord, si nous avons la prétention de convaincre, d'entraîner l'opinion!

Il y a lieu de distinguer cependant entre la question du point de départ, qui seule réclame une solution immédiate, et celle du point d'arrivée, qui ne se pose pas encore et dont la solution peut être réservée. Sur l'une comme sur l'autre nous avons notre opinion; mais en ce qui concerne l'objectif terminal du Transsaharien, nous considérons comme inutile et prématuré, impolitique même, d'engager des controverses sans fin. Nous dirons seulement que deux écoles se divisent à ce sujet et nous bornerons à résumer brièvement les arguments de chacune d'elles.

La première bénéficie de la formule stéréotypée d'après laquelle le Transsaharien doit relier l'Algérie à Tombouctou et au Sénégal. Tombouctou? c'est là un nom fatidique, qui résonne depuis bien longtemps à nos oreilles : or, quiconque est au courant des choses du Soudan sait aujourd'hui que Tombouctou se trouve complètement déchue comme place commerciale, si tant est qu'elle ait jamais eu l'importance que la légende lui avait décernée. La jonction de l'Algérie avec le Sénégal? En elle-même, s'il ne fallait y voir que la traversée du Sahara jusqu'à Tombouctou, puis des régions ingrates du haut Niger et du haut Sénégal, l'opération serait d'un intérêt plus que douteux. Mais les partisans de l'orientation du Transsaharien vers Tombouctou et vers le Sénégal ont d'autres arguments; ils comptent d'éminentes personnalités, telles que M. Godin de Lépinay, ancien secrétaire de la Commission supérieure du Transsaharien, dont les avis méritent grande considération. Ce qu'ils visent, c'est non pas la ville de Tombouctou elle-même, mais le coude du Niger, le tournant brusque, le sommet le plus avancé au nord de la boucle du grand fleuve, — au lieu dit Bouroum (situé notablement à l'est de Tombouctou). C'est là, disent-ils, une position géographique et stratégique à nulle autre pareille dans toute l'Afrique occidentale, au milieu du grand triangle formé par l'Algérie, le Sénégal et le Congo : de là, nous commanderons dans toutes les directions et dominerons tout l'intérieur de la boucle du Niger. Le Transsaharien vers Bouroum sera beaucoup plus court que le Transsaharien sur le Tchad. Il est vrai que notre principal objectif doit être le Soudan central; mais de Bouroum il ne tiendra qu'à nous de prolonger ensuite notre voie ferrée le long du Niger moyen vers l'aval, puis de nous rabattre vers l'est, de gagner successivement Sokoto, puis Kano, puis Kouka et de pousser ainsi jusqu'au lac Tchad. Il est plus sage d'opérer ainsi que d'aller droit au lac Tchad, où nous risquons d'être devancés par un Transsaharien rival, partant de Tripoli, — auquel cas nous aurions travaillé pour d'autres.

Voici maintenant ce que répond la seconde école, qui est la nôtre. Au point de vue stratégique, pourquoi orienter le Transsharien vers le coude du Niger, où nous sommes arrivés déjà par le Sénégal avec nos canonnières du haut Niger, et jusqu'où le Sénégal peut espérer, dans une certaine mesure et au bout d'un certain temps, exercer quelque action? La meilleure tactique ne consiste-t-elle pas, au contraire, à tendre la main au Sénégal vers le but le plus éloigné, le lac Tchad, et à faire converger nos efforts vers ce point? Une fois installés solidement au Tchad, à Kouka dans le Bornou, à Masena dans le Baghirmi, nous encadrerons et dominerons du coup les régions intermédiaires entre le Tchad et le Sénégal, ainsi qu'entre le Tchad et le Congo. Au point de vue économique, le Transsaharien sur le Tchad sera moins long encore que le Transsaharien sur Bouroum avec embranchement sur le Tchad ; son rôle aura plus de portée en ouvrant le bassin du Tchad, qui est fermé, qu'en abordant le bassin du Niger, qui communique avec la mer; son arrivée dans le bassin commercial du Tchad a chance d'y provoquer un développement rapide d'échanges, grâce aux voies navigables rayonnant à l'ouest, au sud-est et à l'est, au travers du Bornou, du Baghirmi et du Ouaday. Au point de vue de la concurrence commerciale, nous devons chercher surtout à nous outiller convenablement dans les régions où la lutte sera la plus active, c'est-à-dire dans le Soudan central, où nous aurons à lutter avec les négociants anglais et allemands du bas Niger et du Cameroun ; que si l'on prévoit l'entrée en scène d'autres rivaux, marchant de Tripoli au Tchad, c'est une raison de plus pour dire que le Tchad doit être notre objectif le plus pressé ; or, si nous y arrivons les premiers et y prenons pied, pourquoi nous en laisserions-nous déloger ? Enfin, au point de vue de la grande idée d'ensemble que nous avons émise plus haut, — faire un tout de nos possessions d'Afrique par le Soudan, — le Transsaharien du Tchad, avec prolongement par le Chari vers l'Oubanghi, représente l'axe principal du programme à poursuivre : il réalisera la jonction des deux tronçons extrêmes, l'Algérie et le Congo, et la jonction latérale avec le Sénégal se fera ensuite par surcroît.

Telles sont, en quelques mots, les deux manières de voir. Les deux sont défendables, et l'avenir dira laquelle doit prévaloir. Mais nous n'en sommes pas là. Avant que le Transsaharien n'ait franchi le Sahara algérien et abordé le Sahara central, il sera intervenu au Soudan bien d'autres événements, qui nous guideront dans le choix de l'orientation finale du Transsaharien.

L'essentiel est que les deux écoles sont d'accord sur la nécessité d'un Transsaharien. L'important est d'adopter au départ de l'Algérie un tracé qui les satisfasse toutes deux et puisse aussi bien se diriger vers le coude du Niger que vers le lac Tchad.

Limitons donc provisoirement la discussion des tracés à la partie comprise entre l'Algérie et le Sahara central, et, pour cette partie du moins, arrivons à une conclusion ferme.

IX

LES DIVERS TRACÉS FRANÇAIS DE TRANSSAHARIEN

Comme c'était à prévoir, chacune des trois provinces de l'Algérie a voulu devenir tête de ligne du Transsaharien, et nous avons eu, dès l'origine, un *tracé occidental* qui partirait de la province d'Oran, un *tracé central* de la province d'Alger, un *tracé oriental* de la province de Constantine. Mais dans une pareille question, il serait déplorable de se laisser aller à prendre parti pour telle ou telle province ; il importe, au contraire, de s'élever au-dessus des intérêts locaux et de rechercher impartialement quel tracé répond le mieux à l'intérêt supérieur de l'œuvre du Transsaharien.

A vrai dire, les dénominations précédentes ne s'appliquent plus exactement depuis que la France a pris la Tunisie sous son protectorat, et, en effet, on a proposé un quatrième tracé de Transsaharien, qui partirait du Sud tunisien et devrait être notre *tracé oriental*. Malheureusement, nous verrons que ce quatrième tracé nous est interdit par les empiétements de la Tripolitaine vers le Sahara central, et il faut bien reconnaître que, tout en ayant acquis une nouvelle province sur le littoral méditerranéen, nous ne disposons pas pour cela d'une nouvelle zone de pénétration vers le Soudan. Mais si l'on considère l'ensemble de nos possessions actuelles du littoral, le tracé de Transsaharien qui part de la province de Constantine est devenu, depuis l'adjonction de la Tunisie, tout aussi *central* pour la France, comme point de départ et comme base d'opération, que le tracé partant de la province d'Alger ; nous ajouterons même que, si l'on considère son prolongement vers le sud au delà des limites actuelles de notre Sahara algérien, il est le seul qui soit vraiment *central* par rapport aux régions touareg, c'est-à-dire par rapport à la partie du Sahara central qui est encore neutre au point de vue international. Aussi le tracé qui part du Sud constantinois est-il, selon nous, le vrai *tracé français.*

La première chose à faire, pour définir clairement et comparer avec fruit les trois tracés algériens de Transsaharien, est d'indiquer les conditions géographiques où ils se trouvent respectivement.

Les plaines sahariennes qui s'étendent au sud des montagnes de l'Atlas, présentent deux grands bassins hydrographiques, — plus grands chacun que la France entière. Le bassin occidental a pour artère principale l'oued Guir, laquelle prend sa source au nord dans l'Atlas marocain, se dirige vers le sud-est-sud et, après avoir reçu l'oued Zouzfana, venant du nord, continue dans la même direction sous le nom d'oued Messaoura ; au delà, l'oued Messaoura est prolongé vers le sud par une série de dépressions et de thalwegs et se relie ainsi au grand coude du Niger. Le bassin oriental a pour artère principale l'oued Igharghar, laquelle prend sa source au sud dans le pâté montagneux du Hoggar, coule vers le nord et, après avoir reçu l'oued Mya, venant du sud-ouest, continue, sous le nom d'oued Rir', jusqu'au chott Melrir, fond de ce grand bassin fermé.

L'oued Messaoura est une ligne d'eaux superficielles de première importance au Sahara. L'oued Igharghar est en même temps une grande ligne d'eaux souterraines et artésiennes, et son prolongement, l'oued Rir', est la région la plus riche en eaux artésiennes de toute l'Afrique du Nord. A ces lignes maîtresses d'eaux superficielles ou souterraines correspondent de grandes régions d'oasis cultivées et habitées, d'oasis existantes ou pouvant être créées.

Le tracé transsaharien du Sud oranais, ou *tracé occidental*, longe l'oued Messaoura. Le tracé du Sud constantinois, ou *tracé central actuel*, longe l'oued Igharghar. L'un et l'autre suivent ainsi des chemins déjà frayés par la nature, des lignes où se concentrent les principales ressources de vastes contrées, en eaux, en végétation, en commerce et en populations sédentaires. Chacun de ces deux tracés a donc, à première vue, un intérêt évident.

Mais entre les deux bassins hydrographiques de l'oued Messaoura et de l'oued Igharghar, la surface du Sahara présente forcément un faîte de séparation. En effet, un dos d'âne central, en surélévation sur les régions latérales, se détache de l'Atlas et traverse, du nord au sud, le milieu du Sahara algérien.

Le tracé du sud de la province d'Alger, ou *ancien tracé central*, suit ce faîte de séparation. Comparé aux tracés précédents, c'est un tracé en pays de montagnes. Il est vrai qu'au Sahara, ou du moins dans la partie considérée du Sahara, il n'y a pas, à proprement parler, de massifs montagneux, mais des plateaux situés en contre-haut des régions environnantes, entaillés par des vallées abruptes et limités par des falaises souvent élevées; il est vrai aussi que le tracé en question se maintiendrait en partie sur des plateaux uniformes. Toutefois, il ne pourrait éviter de traverser aussi des régions accidentées et de franchir une série de vallées, descendant de l'ouest à l'est vers l'oued Mya, ou de l'est à l'ouest vers l'oued Messaoura. Quant aux plateaux de ces régions, ce sont des *hamada* rocheuses, nues, sans eau, sans végétation, représentant le type du vrai désert dans toute son aridité. D'une manière générale, on sera toujours là près de la ligne de séparation des deux bassins latéraux, dans des régions très pauvres en eaux soit superficielles, soit souterraines. Manque d'eau et difficultés de terrain, telles sont les deux objections principales que suggère de suite l'ancien tracé central.

Cela posé, le plus simple nous a semblé être de dresser le tableau ci-contre, qui, concurremment avec la carte jointe à cette étude, permettra de comparer facilement les divers tracés français de Transsaharien.

(TABLEAU)

TABLEAU COMPARATIF DES DIVERS TRACÉS FRANÇAIS DE TRANSSAHARIEN

PAR M. G. ROLLAND.

	LONGUEURS ACTUELLES DES CHEMINS DE FER DE PÉNÉTRATION VERS LE SUD ALGÉRIEN		LONGUEURS DES PROLONGEMENTS JUSQU'AU SOUDAN		LONGUEURS TOTALES APPROXIMATIVES DEPUIS LA MÉDITERRANÉE JUSQU'AU SOUDAN	
	1° En exploitation.	2° En construction.	1° Avec avant-projets de chemins de fer.	2° Avec tracés approximatifs par renseignements.	1° Vers le coude du Niger.	2° Vers le lac Tchad.
TRACÉ OCCIDENTAL.	**465 kilom.** Arzew-Saïda-Aïn Sefra.	—	**870 kilom.** Aïn Sefra-Igli-Taourirt. Pouyanne. (*Tracé par renseignements.*)	**1,350 kilom.** Taourirt-Timissao-Bouroum. Pouyanne.	**2,700 kilom.**	—
ANCIEN TRACÉ CENTRAL.	**51 kilom.** Alger-Blidah.	**86 kilom.** Blidah-Berrouaghia.	**779 kilom.** Berrouaghia-Laghouat-El Goléa. Ponts et chaussées. Mission Choisy. (*Études sur le terrain.*)	**1,900 kilom.** El Goléa-Taourirt-Bouroum.	**2,800 kilom.**	—
TRACÉ CENTRAL ACTUEL.	**320 kilom.** Philippeville-Constantine-Biskra.	—	**1,050 kilom.** Biskra-Ouargla-Amguid. Mission Choisy. Mission Flatters. (*Études sur le terrain.*)	**1,250 kilom.** Amguid-Timassao-Bouroum. Flatters. Pouyanne.	**2,600 kilom.**	—
				2,000 kilom. Amguid-Bir Gharama-Asiou-Kouka. Flatters.	—	**3,400 kilom.**
				2,200 kilom. Amguid-Amadrhor-Bilma-Maseno. Flatters.	—	**3,600 kilom.**
TRACÉ ORIENTAL.	—	—	—	—	—	—

De ce tableau il résulte d'abord que les trois tracés algériens ont des longueurs sensiblement égales, depuis la Méditerranée jusqu'au Soudan, si on les dirige vers le coude du Niger : sous ce rapport et avec cet objectif, ils se valent. Quant au tracé central actuel par Ouargla, si, à partir d'Amguid, on le dirigeait vers le lac Tchad (soit par Asiou, soit par la variante de Bilma), il serait plus long ; mais il ne saurait alors être comparé, comme longueur, aux tracés sur Bouroum, puisque ses objectifs, Kouka ou Masena, sont tout différents. C'est, au contraire, un avantage évident pour ce tracé que de pouvoir faire la fourche à partir d'Amguid et obliquer ainsi à volonté vers le coude du Niger ou vers le lac Tchad.

Une autre considération de première importance pour la comparaison des trois tracés de Transsaharien, c'est la longueur des lignes algériennes de pénétration qui sont déjà exécutées dans les trois provinces et dont ces tracés formeraient respectivement les prolongements. Certes, si l'on devait décréter d'ores et déjà l'exécution rapide et intégrale du Transsaharien jusqu'au Soudan, quelques centaines de kilomètres de plus ou de moins à construire ne pèseraient pas beaucoup dans la balance ; mais il n'en sera pas ainsi, et il ne serait pas raisonnable, en effet, qu'il en fût ainsi. Le Transsaharien sera forcément une œuvre de longue haleine, et l'on n'y procédera que par tronçons successifs. Ce qui presse, c'est de décider en principe son exécution, c'est de le commencer le plus tôt possible et de l'amener dans le Sahara central, jusque chez les Touareg. Or, à cet égard, il n'est pas indifférent de partir d'une ligne qui atteint déjà soit l'entrée du Sahara, comme celle de Biskra, soit les confins du Sahara, comme celle d'Aïn Sefra, — ou, au contraire, d'une ligne qui n'en est encore qu'à ses débuts, comme celle de Laghouat, laquelle n'a même pas atteint Médéah. La locomotive peut avoir franchi les plaines sahariennes jusqu'à Ouargla, dans l'est, ou jusqu'à Igli, dans l'ouest, avant qu'elle n'ait seulement remonté les gradins de l'Atlas jusqu'à Boghar ! D'après cela, l'ancien tracé central par Laghouat et El Goléa est tellement en retard sur les deux autres tracés qu'il ne saurait être préféré par les personnes convaincues de l'urgence de se mettre en route pour le Soudan.

Dans le tableau précédent, nous avons mentionné, pour mémoire, le quatrième tracé qui, logiquement, devrait être à notre disposition depuis que nous possédons la Tunisie. Ce nouveau tracé, oriental ou tunisien, tel qu'il avait été proposé par M. E. Blanc devant la Société de Géographie (1), partirait du littoral du golfe de Gabès, mettant ainsi à profit la profonde échancrure que le littoral africain présente à l'est de la Tunisie, — ce qui raccourcirait d'autant la longueur de voie ferrée de la Méditerranée au Soudan. On choisirait comme tête de ligne la baie de Bou Grara, au sud de l'île de Djerba, où l'on créerait un port commercial et militaire; de là, on gagnerait Rhadamès, en longeant la frontière tripolitaine ; puis on passerait par Rhat et on atteindrait par Bilma la région du Tchad; ce tracé aurait, dit-on, 500 kilomètres de moins (2) que le tracé par Ouargla et Amguid vers le Soudan central. Mais son simple énoncé prouve qu'à partir de Rhadamès, ce ne serait plus un tracé français : Rhadamès est pays turc, et la Turquie entretient depuis longtemps dans cette ville une garnison et un pacha, qui relève de Tripoli. Rhat est également devenu pays turc, avec une garnison turque. Force est de s'incliner devant la brutalité des faits. Il est permis de nourrir des illusions sur les modifications que la diplomatie pourrait apporter à cet état de choses; mais il s'agit là d'éventualités tellement problématiques que nous aurions tort d'y compter, et nous n'avons pas le loisir de les attendre.

Retenons du moins ceci, c'est que les lignes transsahariennes qui partiraient du littoral tripolitain seraient notablement plus courtes que les nôtres, et craignons de voir, à un moment donné (comme il a été dit plus haut), telle autre puissance installée à Tripoli, lancer de là un chemin de fer transsaharien par Mourzouk et Bilma vers le lac Tchad et nous devancer dans la conquête économique du Soudan central : — ce qui serait une véritable défaite pour nous, Français, établis en Algérie depuis soixante ans ! Or, cette crainte est justifiée tant que, de notre côté, nous n'aurons pas amené le chemin de fer de Biskra jusqu'à Ouargla.

Arrivés à Ouargla, nous serons plus près du Soudan que Tripoli : c'est nous qui aurons l'avance, et le danger sera conjuré.

(1) *Compte rendu* de la *Société de Géographie* (séance du 20 mai 1889).

(2) A vrai dire, il est impossible de préciser ; car on ignore absolument quel tracé l'on suivrait entre Rhadamès et Rhat, ainsi qu'au delà de Rhat ; on a quelques itinéraires de voyageurs bien connus : mais ces documents sont tout à fait insuffisants pour se prononcer sur un tracé de chemin de fer. Même pour ce qui est de la première section de la ligne, entre Bou Grara et Rhadamès, on ne possède aucune étude préliminaire, spéciale, technique, faite sur le terrain en vue d'un chemin de fer.

X

ÉLÉMENTS NOUVEAUX D'APPRÉCIATION DEPUIS DIX ANS

Les trois tracés français de Transsaharien ont été discutés avec impartialité, en 1879 et 1880, par la Commission supérieure nommée à cette fin par M. de Freycinet, auquel restera l'honneur d'avoir pris cette patriotique initiative. Tous trois ont été déclarés possibles, — sinon équivalents comme facilité et comme intérêt, — par les missions chargées de les étudier sur le terrain.

Mais depuis les délibérations de la commission du Transsaharien et les explorations des missions transsahariennes, la situation dans le Sud algérien s'est modifiée et de nouveaux éléments d'appréciation sont intervenus.

La ligne de pénétration de la province d'Oran a été prolongée jusqu'à Aïn Sefra, à la suite de l'insurrection de Bou Amena. C'est une ligne à voie étroite, d'un mètre d'écartement entre les rails.

D'autre part, la ligne de pénétration de la province de Constantine a été prolongée jusqu'à Biskra. Cette ligne est tout entière à voie normale. A notre avis, la voie étroite eût largement suffi à partir de Batna. Si l'on considère que la ligne de Batna à Biskra, avec les lacets et les travaux d'art nécessités par la descente du versant saharien de l'Aurès, compte 121 kilomètres et a coûté près de 240,000 francs par kilomètre, on calculera facilement qu'avec la même dépense on aurait pu, en adoptant un système de petit chemin de fer économique, amener la voie ferrée jusqu'à Tougourt, capitale de l'Oued Rir', et même peut-être jusqu'à Ouargla: c'eût été là un résultat d'une bien autre portée que d'avoir la satisfaction d'aller à Biskra avec la même voie et le même matériel que de Paris à Marseille!

D'une manière générale, les chemins de fer algériens ont coûté beaucoup trop cher et sont devenus très onéreux pour l'État, qui a dû garantir leurs insuffisances d'exploitation et l'intérêt de leurs capitaux de premier établissement. Les charges croissantes du service de ces garanties interdisent aux pouvoirs publics de persévérer dans cette voie, et c'est ainsi que les lignes les plus utiles sont écartées ou retardées. Aujourd'hui, en l'état des finances publiques, une nouvelle ligne algérienne, — si urgente fût-elle, — n'a chance d'être votée par le Parlement qu'autant qu'une solution nouvelle, franchement économique, sera présentée et qu'il ne devra pas en résulter un accroissement de charges pour l'État.

Un autre fait intéressant s'est produit dans le Sud algérien depuis une dizaine d'années, c'est la naissance d'un nouveau mode de colonisation en plein Sahara, dans les Zibans et dans l'Oued Rir'. On connaît mieux aujourd'hui la force de production et les ressources agricoles des parties du Sahara qui sont susceptibles d'irrigation; on voit que ce serait une grosse erreur que de ne pas tenir compte, dans le choix du meilleur tracé de Transsaharien, des grandes régions d'oasis que ce chemin de fer peut desservir, chemin faisant; on a la preuve enfin que le trafic saharien est loin d'être une quantité négligeable, du moins, suivant certaines zones à préférer évidemment pour le tracé de la ligne.

Enfin, l'expérience des entreprises de colonisation de l'Oued Rir' a fait tomber complètement la principale objection qui était formulée contre le tracé par Ouargla et qui se basait sur l'insalubrité des régions traversées. On avait fait de l'Oued Rir' et même de Ouargla, au point de vue sanitaire, des tableaux démesurément noircis. La vérité est qu'au Sahara, il n'y a d'oasis et de palmiers, de végétation et de populations sédentaires, d'éléments de production et de trafic, que là où il y a de l'eau, et que trop souvent, en effet, il arrive, dans les oasis sahariennes, — quand elles sont mal aménagées ou mal situées, — qu'une trop grande surabondance d'eau engendre le *tchem*, ou fièvre des marais. Il en est ainsi dans tous les pays d'oasis, non pas seulement dans l'Oued Rir' et à Ouargla, mais également à l'ouest, au Touat ou à In Salah, sur le tracé occidental, ou, à l'est, au Djérid et au Nefzaoua, dans le Sud tunisien. Mais le tchem provient surtout des eaux stagnantes, et on peut le faire disparaître en grande partie, si l'on assure au trop-plein des eaux d'arrosage un écoulement régulier, loin des cultures et loin des villages. C'est ce qu'il est toujours possible d'obtenir dans l'Oued Rir' au moyen de fossés de drainage, ainsi que l'exemple en a été donné dans les oasis de création européenne. A Ouargla, le problème est plus difficile; mais il y a longtemps que l'un de nous a indiqué la solution possible au moyen d'une grande tranchée d'écoulement vers Negoussa, au nord.

Ce qui importe d'abord, dans cet ordre d'idées, c'est d'assainir les lieux habités. Les nouveaux centres d'habitation ne devront plus être placés au cœur même des cultures, mais à proximité, sur des monticules. Dans ces conditions, les Européens, surtout ceux qui déjà sont acclimatés en Algérie, pourront parfaitement vivre dans les pays d'oasis et y jouir d'une bonne santé, en observant une hygiène convenable. L'exemple des agents français qui résident dans l'Oued Rir', est absolument probant à cet égard, et il montre que le climat de ces pays n'est pas aussi malsain qu'on l'avait dit.

Somme toute, pour traverser le Sahara, mieux vaut passer par les régions où l'eau est abondante, — plutôt que de s'égarer sur des plateaux, plus sains assurément, parce qu'ils n'ont pas d'eau, mais où, sans eau, on ne trouve que stérilité et désolation. Ce sont les vallées que les chemins de fer devront suivre au Sahara, comme partout ailleurs, comme chez nous, où les tunnels ne sont faits que pour passer d'une vallée dans une autre.

Or, en faveur de quels tracés de Transsaharien militent les diverses considérations qui précèdent? Au profit desquels ont été réalisés depuis dix ans, soit dans les faits, soit dans les idées, les progrès que nous venons de rappeler? Il est évident que c'est, d'abord, en faveur et au profit du tracé central actuel par l'Oued Rir' et Ouargla, puis du tracé occidental par Igli et le Touat, mais à l'exclusion complète de l'ancien tracé central par Laghouat et El Goléa.

XI

CONCLUSIONS CONTRE L'ANCIEN TRACÉ CENTRAL PAR EL GOLÉA

Concluons sur les divers tracés de Transsaharien et procédons par élimination.

Nos premières conclusions seront contre le tracé de la province d'Alger par Laghouat et El Goléa. Nous tenons à les formuler avec d'autant plus de force que ce tracé, — chose peu croyable, — a encore quelques adeptes, parmi des personnes se disant dévouées à l'idée transsaharienne. Ainsi, on pouvait le voir recommandé dans une étude sur le Transsaharien, parue en octobre dernier et due à M. le lieutenant-colonel Hennebert (1) : étude intéressante, aux tendances de laquelle nous applaudirions de grand cœur, si malheureusement elle ne préconisait, comme solution, la pire de toutes.

L'ancien tracé central n'offrait qu'un seul et unique avantage, celui d'avoir comme tête de ligne Alger, capitale de la colonie. Raison insuffisante, on l'avouera, si, sauf elle, on ne trouve à ce tracé que des inconvénients. Raison elle-même contestable, d'ailleurs ; car non seulement le tracé par Biskra et Ouargla est devenu, nous le répétons, tout aussi central par rapport à l'ensemble de nos possessions d'Algérie et de Tunisie, mais de plus, ajouterons-nous, des embranchements de longueur tout à fait comparables pourront être

(1) Lieutenant-colonel Hennebert. — Le Transsaharien (*Le Correspondant*, 25 oct. 1889).

dirigés à partir de Biskra sur nos différents ports de la Méditerranée, depuis Alger jusqu'à Bône et même jusqu'à Tunis.

S'obstiner à défendre le tracé transsaharien de la province d'Alger, c'est faire de la centralisation dans le plus mauvais sens du mot, aux dépens du succès de l'œuvre et sans souci pour les finances publiques. Dans tout l'exposé qui précède et que nous avons cherché à rendre aussi impartial que possible, où trouve-t-on un argument, un seul, en faveur de ce tracé ? Il nous serait vraiment trop facile d'accumuler contre lui objections sur objections. Quiconque connaît le Sahara sera d'accord avec nous.

Tous ces pays où l'on nous invite à passer, nous pouvons en parler *de visu*. De Boghar à Laghouat, c'est un pays pauvre, de peu de production, de très faible tonnage pour un chemin de fer, malgré les alfa de ces hauts plateaux et malgré le marché de laines de Djelfa. Il est vrai que l'achèvement de cette ligne de pénétration jusqu'à Laghouat serait utile au point de vue stratégique et permettrait de réaliser de notables économies sur les frais d'entretien de la garnison de Laghouat. Nous n'en disconvenons pas ; mais les deux lignes de pénétration latérales, celle d'Aïn Sefra, dans l'ouest, et celle de Ouargla, dans l'est, la priment de beaucoup, ne fût-ce que parce qu'elles l'encadrent. Au delà de Laghouat, c'est, sauf la région des daya, le désert dans toute sa nudité, sans une goutte d'eau, sans une habitation : terre de parcours des Larbaa, qui fuient pendant l'été cette région désolée pour se rapprocher du Tell.

On a fait valoir que ce tracé passerait à peu de distance de la chebka du Mzab; or le Mzab est un pays remarquable, qui a été l'objet de nombreuses descriptions. Il mérite sa réputation ; mais qu'on ne nous parle pas sérieusement du trafic qu'il fournirait au chemin de fer ! Le Mzab n'est pas et ne sera jamais un pays de production de quelque importance. C'est une région naturellement des plus pauvres du désert, et, pour en tirer parti, il a fallu toute la persévérance des musulmans schismatiques qui se réfugièrent jadis au fond des cirques rocheux et des ravins abandonnés de cette chebka (*chebka*, réseau, filet). On y trouve aujourd'hui quelques belles oasis, mais telles quelles, ces oasis ne suffisent pas à nourrir leurs habitants, dont un tiers émigre annuellement ; dans l'avenir, le pays n'est capable d'aucune extension agricole, attendu que l'on ne peut espérer augmenter le volume des eaux de l'oued Mzab et des autres rivières de la chebka, et que, d'autre part, on ne réussira pas, selon nous, à y obtenir des eaux jaillissantes au moyen de sondages. On y rencontre des villes riches et industrieuses pour des villes sahariennes; mais c'est une richesse qui vient de l'extérieur ; ce sont des industries d'importation ; tous ces résultats sont dus exclusivement au génie commercial d'une race qui est douée au plus haut degré de l'esprit de négoce, qui a des comptoirs dans toute l'Algérie et le Sahara algérien et qui tient entre ses mains une grande partie des échanges du Sud.

Ne négligeons pas, tant s'en faut, le concours précieux des Mzabites dans nos projets transsahariens. Mais « où qu'on fasse des chemins de fer dans le Sud, on trouvera l'élément mzabite. C'est lui qui se déplacera, et il est inutile d'aller chez lui pour le trouver (1) ».

Quant à l'étonnant projet qui consisterait à diriger une ligne de Laghouat vers la chebka du Mzab, au sud-est, pour aller de là rejoindre le bas-fond de Ouargla, — alors que Ouargla peut être atteint si facilement par Biskra et Tougourt, — nous nous permettrons de ne pas même l'examiner.

Que l'ancien tracé central reste logique avec lui-même : qu'il aille droit au sud, et que de Laghouat, il traverse 120 lieues de désert jusqu'à El Goléa. Dans le dernier tiers du trajet, les mauvais passages, les travaux d'art seront nombreux. Et l'alimentation en eau des locomotives? M. Duponchel avait proposé la pose d'une conduite de refoulement qui, des deux extrémités de la ligne, eût amené l'eau à toutes les stations intermédiaires! ou bien encore, il faudrait multiplier les puits et les citernes le long du parcours et, d'après le projet dressé par l'un de nous, lors de la mission Choisy, tous ces puits réunis représenteraient une hauteur totale de 2,000 mètres à creuser, dont plus de 800 mètres dans des calcaires excessivement durs! Et tout cela pour atteindre quoi? El Goléa, petite oasis, isolée au bout du Sahara algérien, sans aucune importance, centre des Chaamba Mouadi, la moins nombreuse de beaucoup de nos trois tribus de Chaamba.

Quel est le but vers lequel nous conduirait ensuite l'ancien tracé

(1) G. Rolland. — Le Chemin de fer de Biskra-Tougourt-Ouargla. (Challamel, éditeur, 1888.

central? D'après M. Hennebert, il devrait obliquer au sud-est vers le Touat. Mais le Touat est situé sur l'oued Messaoura, c'est-à-dire sur le tracé occidental. Si l'on veut aller au Touat, mieux vaut mille fois y aller par le tracé occidental, le seul rationnel avec cet objectif.

On le voit, l'ancien tracé central a tout contre lui : le retard énorme de la ligne de pénétration qu'il prolongerait, le désert irrémédiable qu'il traverserait, les dépenses élevées qu'entraîneraient ses travaux d'art et son alimentation en eau, et, en fin de compte, l'absence de valeur propre comme objectif.

Adopter ce tracé serait une véritable aberration.

XII

CONCLUSIONS CONTRE LE TRACÉ OCCIDENTAL PAR LE TOUAT

Continuons à procéder par élimination et achevons ce que nous avons à dire du tracé occidental du Sud oranais par Igli et le Touat.

Auparavant, disons hautement que nous reconnaissons la valeur de ce tracé. Si nous n'en sommes point partisans, c'est surtout parce que des raisons politiques s'opposent à son exécution, pour le moment, et parce qu'il est grand temps de commencer enfin l'œuvre du Transsaharien.

Nous admirons sincèrement les efforts et la propagande de nos compatriotes de la province d'Oran en faveur de leur tracé; mais, à Oran, on est trop voisin du Maroc pour ne pas connaître la situation politique et religieuse du pays où l'on nous invite à nous engager les yeux fermés, et l'on ne peut cependant demander à la mère-patrie d'aller au-devant de difficultés internationales, quand, à côté, s'offre un autre tracé permettant d'atteindre le but sans aucun risque.

Il avait d'abord été question de pousser le chemin de fer d'Aïn Sefra jusqu'à Figuig, qui n'en est qu'à 70 kilomètres. Mais Figuig est une oasis marocaine, bien que l'autorité du sultan du Maroc y soit à peu près illusoire, et, pour y aller, il aurait fallu s'entendre avec lui.

Actuellement le projet de tracé occidental du Transsaharien laisse Figuig à l'ouest, passe par les oasis indépendantes des Beni Goumi et arrive ainsi à Igli. Jusqu'à Igli, l'on peut admettre que nous sommes chez nous; nous ferons observer seulement que cette ligne, le long de notre frontière occidentale, se présenterait de flanc, sur toute sa longueur, aux incursions des Ouled-Sidi-Cheikh et des pillards marocains : disposition défectueuse sous le rapport stratégique et bien différente de celle où se trouvera la ligne de Biskra à Ouargla, en plein Sahara français.

Mais au delà d'Igli, le tracé occidental s'engagerait le long de l'oued Messaoura pour gagner le Touat, son premier objectif de quelque importance. Or, en l'état actuel des choses, nous ne pouvons aller au Touat sans que l'élément musulman ne nous y livre bataille : s'engager dans cette voie, c'est aller inutilement au-devant de complications dont on ne peut mesurer l'étendue. Loin de nous la pensée de soutenir que ces pays sont marocains, — assertion contre laquelle nous serions les premiers à protester, avec tous les Algériens et tous les Français éclairés ! Ni le Touat et le Rezzan, ni le Tidikelt et Akabli et In Salah ne sont administrés par le Maroc. Leurs populations sont à peu près indépendantes, — à tout autre point de vue que l'attache religieuse ; — mais elles se trouvent incontestablement sous l'influence des chérifs marocains, fanatiques et très hostiles. A peine échangent-elles quelques cadeaux avec le sultan du Maroc pour établir leur lien ; mais si nous faisions le moindre mouvement en avant, elles ne manqueraient pas de se réclamer de lui et d'affirmer que depuis longtemps elles font partie intégrante de son empire. Le Maroc, à son tour, transporterait la question sur le terrain diplomatique ; notre devoir serait de passer outre : mais eût-il été d'une bonne politique d'avoir soulevé cet incident ? Non.

De fait, le Maroc est un empire vermoulu, en équilibre instable, qui ne vit et ne se maintient que grâce aux rivalités des nations qui guettent son effondrement et convoitent ses dépouilles. Notre devoir est d'être prêts pour le jour où cette liquidation se produira ; mais notre intérêt n'est pas de la provoquer. C'est un voisin gênant par suite de l'anarchie qui règne dans son sein ; mais ne vaut-il pas mieux encore l'avoir à nos côtés qu'une ou plusieurs puissances européennes, sans doute hostiles ? La réponse n'est pas douteuse.

D'ailleurs, admettons que nous ayons dompté le Touat et conquis In Salah. Nous aurions simplement allongé le sud de la province d'Oran ; mais nous nous trouverions ensuite, comme aujourd'hui, en face des Touareg, qui nous barreraient la route pour aller plus loin. Ce sont les Touareg qui constituent la vraie difficulté ; ce sont eux qui empêchent de passer, aussi bien par un tracé que par l'autre. Le

Touat, In Salah, si les Touareg étaient décidés à nous livrer passage, seraient sans influence et sans action. C'est donc aux Touareg qu'il faut aller, — sans compliquer la question d'une affaire avec le Maroc, — et c'est le tracé par Ouargla et Amguid, qui seul nous conduit directement chez eux et nous les met dans la main.

Tel est l'argument majeur contre le tracé occidental, — sans parler de l'objectif final, qui, avec ce tracé, est uniquement le coude du Niger, tandis qu'avec le tracé par Ouargla et Amguid, nous pouvons viser, à volonté, le coude du Niger ou le lac Tchad.

Les partisans du tracé occidental pourront objecter qu'il ne s'agit d'abord que de prolonger le chemin de fer d'Aïn Sefra jusqu'à Igli, et qu'ensuite, on attendra les événements. Ils pourront ajouter que d'Igli le chemin de fer exercera déjà son influence économique sur la série des oasis de l'oued Messaoura et aura chance de drainer une partie des échanges importants qui se font dans ces régions sahariennes. Certes, nous serions fort heureux qu'on pût prolonger de suite la voie ferrée d'Aïn Sefra jusqu'à Igli, en même temps que celle de Biskra jusqu'à Ouargla. Mais l'état des finances publiques et les dispositions du Parlement ne permettent pas d'espérer qu'on se lance de front sur ces deux pistes : force nous est de faire un choix.

Or, au point de vue stratégique et algérien, le résultat de la ligne de pénétration du Sud oranais est atteint, dès aujourd'hui, avec son terminus actuel d'Aïn Sefra et avec le fort construit au delà, dans la direction de Figuig, à Djenan Bou Rezg : en revanche, le résultat stratégique de la ligne de pénétration du Sud constantinois sera incomplet tant que cette ligne n'aura pas été prolongée jusqu'à Ouargla. D'autre part, au point de vue économique, on ne peut nier que ce ne soit, pour la ligne du Sud oranais, une grande infériorité que d'avoir besoin d'aller aussi loin dans le désert pour trouver du trafic, alors que la ligne du Sud constantinois enregistre déjà un trafic important dès son arrivée à la porte du Sahara. La ligne de Batna à Biskra, — qui n'est entièrement ouverte à l'exploitation que depuis moins de deux ans, — accuse déjà une recette brute annuelle de près de 4,000 francs par kilomètre. Par contre, la ligne de Mécheria à Aïn Sefra ne fait guère que 1,000 francs; elle ferait certainement davantage si elle atteignait Igli : mais la question a beaucoup plus d'inconnu de ce côté que du côté de l'Oued Rir' et de Ouargla, où tous les éléments du problème sont en notre possession.

Dans l'Ouest, il est vrai, on fait miroiter à nos yeux le chiffre énorme des palmiers du Touat (10 millions de palmiers, dit-on), et multipliant par ce chiffre le nombre de kilogrammes de dattes produites annuellement par un arbre, on arrive à un tonnage considérable, qu'on escompte tout entier pour le trafic de la future ligne. Nous sommes loin, certes, de sourire du tonnage que les dattes doivent fournir aux chemins de fer du Sahara, et nous croyons à une exportation croissante de cette denrée vers les pays d'Europe et d'Amérique, où elle entrera de plus en plus dans la consommation ; mais, à cet égard, on ne saurait comparer entre elles des régions d'oasis complètement différentes par les variétés de dattes qu'elles produisent, et il faut se mettre en garde contre certaines illusions. Les dattes de l'Oued Messaoura et du Touat appartiennent exclusivement aux variétés communes, ne s'adressent qu'à la consommation indigène, ne sont pas susceptibles d'exportation et n'iront jamais se faire embarquer à Oran pour l'Europe, où l'on n'en voudrait pas sur nos tables. Les dattes fines, dites *Deglet nour*, savoureuses et transparentes, les seules qu'on apprécie chez nous, proviennent exclusivement du bas Sahara, c'est-à-dire des parties du Sahara qui s'étendent au sud de la province de Constantine et de la Tunisie, des oasis de l'Oued Rir' et du Souf, du Djérid et du Nefzaoua, — et ce privilège ne leur échappera pas — : car il résulte de conditions naturelles de sol, d'altitude et de climat, qui sont immuables. Le Touat ne sera jamais, pour ainsi dire, un bon cru de dattes.

Puis, tout en reconnaissant l'intérêt qu'il y aurait à desservir cette grande région du Touat, on ne nous démentira pas quand nous dirons qu'elle est cependant bien moins intéressante, au point de vue français, que la région de l'Oued Rir'. Ici, c'est, à la porte de Biskra, une région pacifiée, fertilisée depuis trente-quatre ans par l'œuvre des sondages militaires; ici, l'on trouve des intérêts européens sur place, des oasis exploitées et créées par des colons français; ici, les capitaux français ont un emploi immédiat et certain, et l'on est en présence d'un développement continu, d'un mouvement de colonisation des plus féconds. Quand pourra-t-on en dire autant du Touat? en tout cas, dans un avenir fort lointain.

A ceux, enfin, qui voient surtout In Salah comme objectif par le tracé occidental, nous ferons observer qu'il n'est nullement indispensable d'adopter ce tracé pour atteindre In Salah. Si l'on tient quand même à diriger sur ce point un chemin de fer, — que notre établissement au cœur du Sahara central, à Amguid, rendra, espérons-nous, inutile, provisoirement du moins, mais dont nous ne voudrions pas contester *a priori* l'intérêt possible, — on pourra tout aussi bien arriver au résultat désiré avec le Transsaharien central : nous n'admettons pas qu'on dévie pour cela du tracé central proprement dit par Timassinin et Amguid; mais il sera toujours facile de détacher, à partir de Timassinin, un embranchement relativement court sur In Salah (1). D'ailleurs, nous le répétons, l'objectif le plus pressé n'est pas In Salah, et la solution pacifique de la question touareg n'est pas là.

Notre conclusion est qu'à tous égards, le tracé occidental par Igli et le Touat doit céder le pas au tracé central par Ouargla et Amguid. Son heure viendra peut-être; mais elle n'a pas sonné.

Nos compatriotes de la province d'Oran sont trop éclairés pour ne pas se rendre à la justesse de cette série d'observations. Ils sont trop dévoués à la grande cause du Transsaharien pour vouloir, par de mesquines rivalités de province à province, entraver le succès de l'œuvre, parce que le succès dépend aujourd'hui du tracé partant de la province de Constantine.

En réalité, les deux provinces de Constantine et d'Oran sont les points de départ naturels des deux principales voies de pénétration de la France vers le Soudan. Tout ce que l'une fera dans cet ordre d'idées, devra profiter à l'autre. Qu'elles s'entr'aident donc, au lieu de se combattre!

Quand, par notre ligne de Ouargla et d'Amguid, nous tiendrons les Touareg, quand l'hostilité d'In Salah et du Touat sera tombée, quand le démembrement du Maroc s'imposera, il deviendra facile de prolonger la ligne du Sud oranais vers ces régions productives de l'oued Messaoura. Et même, dans l'avenir, qui sait? si la paix et le génie français arrivent à transformer graduellement le Sahara central et à repeupler ces vastes régions, si l'exploitation du Soudan démontre

(1) L'embranchement sur In Salah pourrait, si l'on préférait, se détacher à Ouargla du Transsaharien central, de manière à suivre l'oued Mya, puis l'oued Insokki; mais il serait alors beaucoup plus long. Les pays traversés étant généralement ingrats, par un embranchement comme par l'autre, la solution la plus courte, la moins coûteuse, nous semblerait la meilleure.

l'intérêt de relier plus complètement encore l'intérieur africain à nos possessions de la côte méditerranéenne, il n'est pas impossible que l'on soit amené à continuer aussi la ligne du Sud oranais au delà du Touat jusqu'à Timissao, — où elle viendrait se greffer sur le prolongement du Transsaharien central, dirigé à partir d'Amguid vers le coude du Niger.

De même, dans le Sud tunisien, nous construirons sans doute un jour la ligne frontière de Bou Grara à Rhadamès, ligne qui, jusqu'aux environs immédiats de Rhadamès, se trouverait en territoire français. Puis nous pourrions, sans difficulté, la poursuivre jusqu'à Timassinin, — où elle viendrait également se greffer sur le Transsaharien central, dont un autre prolongement irait à partir d'Amguid vers le lac Tchad.

Le réseau français du Transsaharien, tel qu'on est conduit ainsi à l'entrevoir pour l'avenir, comprendrait alors : un axe central par Ouargla et Amguid, — se bifurquant, d'une part, au sud, vers le Soudan occidental et le Soudan central, — et recevant, d'autre part, deux lignes affluentes venant du nord par le Sud oranais et le Sud tunisien.

Mais ce sont là des perspectives assez lointaines, et, quoi qu'il en advienne, c'est par l'artère centrale qu'il est logique de commencer.

Ne rêvons pas encore à plusieurs Transsahariens, quand nous avons tant de peine à nous décider pour en faire un !

XIII

CONCLUSIONS EN FAVEUR DU TRACÉ CENTRAL ACTUEL PAR OUARGLA— MOYENS PRATIQUES D'EXÉCUTION

Reste le tracé du Sud constantinois par Ouargla et Amguid, — le seul vraiment central, — le seul pratique et raisonnable, — le seul susceptible d'une mise en train immédiate, — le seul capable de résoudre simplement la question touareg, sans aucun risque de difficulté internationale, — le seul offrant l'avantage de pouvoir à volonté atteindre le coude du Niger ou le lac Tchad. C'est à ce tracé que tous les partisans sincères du Transsaharien doivent se rallier, sans distinction d'écoles, — s'ils veulent que le Transsaharien se fasse.

Après toute la discussion qui précède, où les diverses faces de la question ont été présentées tour à tour et d'où, chaque fois, s'est dégagée la supériorité du tracé par Ouargla, un nouveau plaidoyer en sa faveur est devenu inutile. Il nous suffira de rappeler brièvement les étapes successives de cette ligne maitresse de l'Algérie au Soudan, en ajoutant, pour fixer les idées, quelques indications précises sur les moyens d'exécution de notre programme de pénétration vers Ouargla et chez les Touareg.

Auparavant, toutefois, il est un dernier argument que nous tenons à signaler ici, car il est de nature à lever toute hésitation : c'est que la première section de notre tracé, savoir, le chemin de fer de Biskra à Ouargla par l'Oued Rir', a sa propre raison d'être, en tant que ligne *purement algérienne*, — indépendamment de son prolongement ultérieur vers le Soudan, indépendamment du projet même de Transsaharien. L'un de nous, dans une conférence faite en 1888 devant l'Association française pour l'avancement des Sciences (1), présentait ainsi la ligne de Biskra-Tougourt-Ouargla comme une ligne *d'ordre intérieur* pour l'Algérie, comme se justifiant par elle-même, au triple point de vue *stratégique, politique et colonial*; c'est ce qu'il résumait ensuite, dans une autre publication (2), en disant :

« Les chemins de fer de *pénétration* vers le Sud algérien ont aujourd'hui des partisans de plus en plus nombreux, dont certains font autorité. M. Paul Leroy-Beaulieu (3) déclare que nous ne devons pas hésiter à procéder résolument à leur construction, et il inscrit en première ligne, comme le plus important et le plus pressé, le chemin de fer de Biskra à Ouargla par l'Oued Rir'.

» Il ne saurait être question là, bien entendu, que de chemins de fer construits économiquement, — à voie étroite ou large, suivant la situation, mais, d'une manière comme de l'autre, à très bon marché, — de chemins de fer à exécuter sommairement et rapidement, comme les derniers chemins de fer russes de l'Asie centrale, et à exploiter ensuite aussi simplement que possible. Comprise ainsi, la ligne de Biskra-Tougourt-Ouargla ne constituera nullement, malgré la garantie d'intérêt et l'insuffisance des recettes dans les débuts, une charge pour l'Etat : car cette ligne permettra de réaliser immédiatement des économies beaucoup plus considérables qu'on ne croit, sur les transports militaires et sur les colonnes d'opération dans les régions de Ouargla, de Tougourt et du Souf.

» Mais, surtout, la grande, l'énorme économie que les lignes de pénétration permettront de réaliser, c'est la suppression des insurrections dans l'avenir. Il ne s'agit pas seulement d'une question d'économie en temps de paix : faire disparaître le danger, réel actuellement, d'une insurrection en Algérie, dans le cas de guerre en Europe, et pouvoir réduire alors autant que possible l'effectif des troupes à immobiliser hors de France, n'est-ce pas pour nous une question *d'intérêt national* ?

(1) G. Rolland. — La Colonisation française au Sahara : l'Oued-Rir'; le chemin de fer de Biskra-Tougourt-Ouargla (*Association française*, 1888).
(2) G. Rolland. — La Conquête du Désert (Challamel, éditeur, 1889).
(3) Paul Leroy-Beaulieu. — L'Algérie et la Tunisie (Guillaumin, éditeur, 1887).

» Or, l'histoire de l'Algérie est là pour nous prouver le rôle prédominant que l'élément nomade, — élément redoutable par son excessive mobilité, — a toujours joué dans les insurrections, et pour nous démontrer que, tant que nous n'aurons pas maîtrisé entièrement nos nomades sahariens, nous ne pourrons dire que nous sommes certains de maintenir les tribus intermédiaires entre le Sahara et le Tell, ni même les indigènes du Tell. Pour dominer les nomades, le vrai moyen, c'est de les prendre à revers, de se porter en arrière de leurs parcours et de mettre la main sur leurs centres de ravitaillement. Pour cela, il faut non seulement établir des postes d'occupation suffisamment avancés, en des points convenablement choisis, mais encore il faut relier ces postes au littoral par des voies ferrées, permettant de transporter, rapidement et sans fatigue, nos troupes à l'endroit voulu, et leur donnant, pour ainsi dire, le don d'ubiquité. Cela est aussi bien vrai dans l'Est que dans l'Ouest. —

» En deux ans, on peut prolonger la voie ferrée jusqu'à Ouargla, et Ouargla est notre objectif clairement indiqué de ce côté, tant à cause de sa position stratégique, sans rivale dans le Sud, que comme centre de production de beaucoup le plus important des Chaamba nomades.

» Dût-elle n'avoir pas de trafic, que cette ligne de Biskra-Tougourt-Ouargla devrait être faite. Mais, loin de là, elle aura la bonne fortune de traverser précisement les principales régions d'oasis du Sahara algérien, — les Zibans, l'Oued Rir' et Ouargla, — les plus importantes comme production actuelle ou future, les seules qui soient colonisées ou colonisables ; elle desservira, en outre, dans une certaine mesure, les oasis du Souf, à l'est, et une partie de la région du Mzab, à l'ouest. Il existe, dès maintenant, un mouvement considérable d'échanges entre Biskra, Tougourt et Ouargla, ainsi que dans les régions avoisinant cette ligne, et tout ce mouvement commercial, — qui se fait actuellement par chameau, — ira infailliblement au chemin de fer. La locomotive supplantera le chameau ; cela est forcé.

» Peut-on douter ensuite que le trafic de cette ligne ne soit appelé à augmenter, et, n'en est-il pas toujours ainsi quand le chemin de fer arrive dans un pays neuf et susceptible de développement, comme c'est le cas pour l'Oued Rir' et aussi pour la région de Ouargla ? Dans l'Oued Rir', le chemin de fer viendra décupler nos moyens d'action. Le bassin d'eaux artésiennes, qui fait la richesse de cette belle région, est loin d'avoir donné tout le débit dont il est capable, ni, comme le dit éloquemment M. Elisée Reclus, « la mesure de sa force

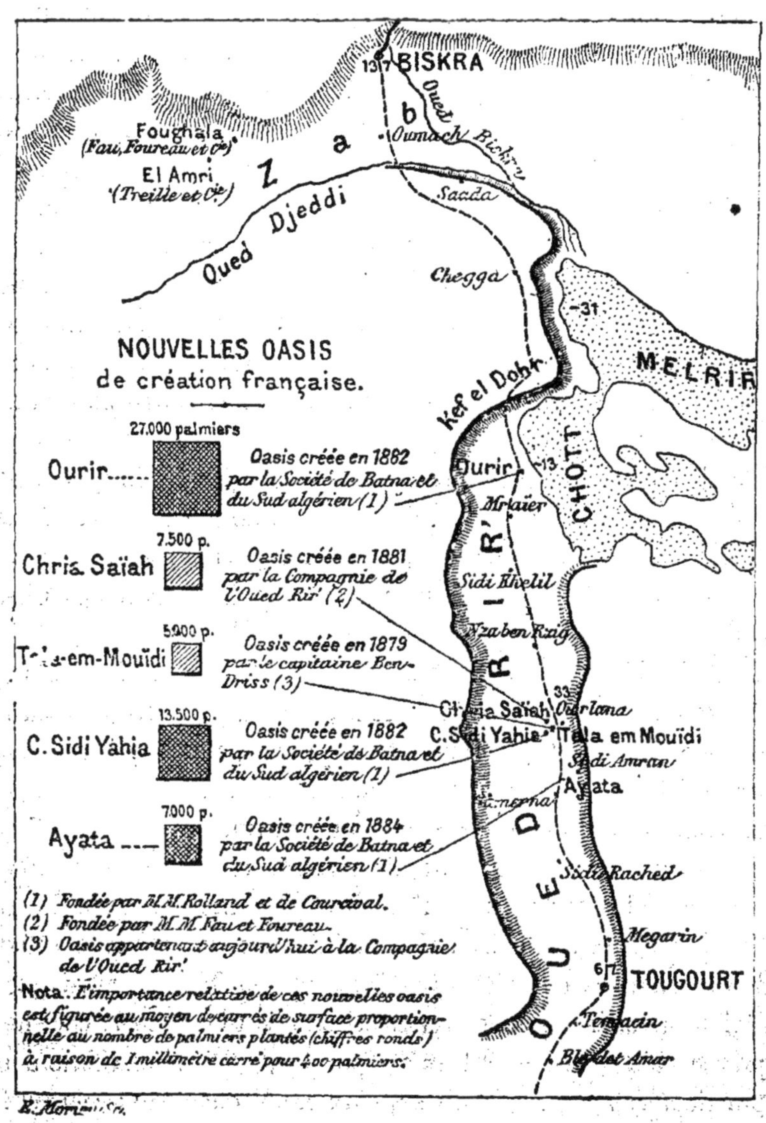

L'Oued Rir' et ses nouvelles oasis de création française, en 1888.

» productive en végétation et, par conséquent, en vies humaines ». Qu'on soumette les sondages à une surveillance devenue nécessaire dans l'intérêt de tous, qu'on dirige de préférence les recherches vers les parties vierges du bassin, qu'on fasse de nouvelles créations, ainsi que nous avons fait, et l'on pourra doubler le nombre des palmiers de l'Oued Rir' (1). »

La conclusion était qu'il y avait lieu de construire de suite une petite voie ferrée de Biskra à Ouargla et d'ouvrir un grand marché à Ouargla, véritable tête de ligne du futur Transsaharien. « Ainsi, disait récemment M. Fock dans une étude fort bien faite sur le Transsaharien (2), ainsi a été indiquée, pour la première fois, une solution pratique, permettant d'aborder la vaste entreprise tendant à relier directement le Soudan central à l'Afrique du nord. »

Depuis lors, les résultats favorables obtenus sur la ligne de Batna à Biskra ont confirmé les prévisions précédentes sur l'importance du trafic saharien et fourni la preuve que la voie ferrée de Tougourt et de Ouargla verrait passer sur ses rails un mouvement considérable de marchandises et de voyageurs. D'autre part, il a été démontré que les chemins de fer économiques à voie très étroite avaient réalisé des progrès notables, tant sous le rapport de la voie que sous celui du matériel et de la traction, et que ces petits chemins de fer, tels que le Decauville de l'Exposition, avaient une capacité de trafic inattendue et offraient des garanties suffisantes de bonne exploitation.

La ligne de Batna à Biskra vient de fournir pendant l'exercice 1889, qui est la première année d'exploitation complète, une recette brute kilométrique de 3,889 francs (le second semestre de 1889 étant en

---

(1) « Un hectare complanté de palmiers-dattiers, — à raison de 200 palmiers par hectare, — peut rapporter annuellement 1,000 francs, net des frais d'exploitation, en supposant une irrigation abondante et en admettant une proportion suffisante de dattiers de variété fine dans les plantations. Planter un hectare de palmiers, c'est donc créer, au taux de capitalisation de 10 0/0, une valeur de 10,000 francs. Pour cela, j'évalue à 5,000 francs le montant des dépenses de premier établissement et d'entretien jusqu'au rapport des plantations, quand on opère sur une large échelle. Planter 50,000 palmiers (comme l'a fait la *Société de Batna et du Sud algérien)*, c'est créer une valeur de 2,500,000 francs. Doubler le nombre des palmiers de l'Oued Rir' (comme j'ai dit qu'on pourrait y arriver, en créant de nouveaux centres loin des oasis existantes), ce serait créer une valeur de 30 millions. Qu'on fasse de même dans les autres régions colonisables du bas Sahara algérien et tunisien, qu'on utilise mieux les eaux souterraines et superficielles actuellement perdues, — car c'est là tout le secret, — et il n'est pas impossible qu'on arrive ainsi à augmenter peu à peu de 100 millions la valeur de cette partie du sol national. (Extrait du *Rapport* de M. G. Rolland *sur l'utilisation des eaux artésiennes du bas Sahara*, au Congrès international pour l'utilisation des eaux. — Exposition universelle de 1889.)

(2) A. Fock. — Le Transsaharien *(Revue scientifique*, 2 novembre 1889).

augmentation sur celui de 1888), et l'on peut escompter que le chiffre rond de 4,000 francs sera prochainement atteint. Qu'on poursuive maintenant la voie ferrée jusqu'à Tougourt et Ouargla, et nous ne craignons pas d'être démentis par la suite en avançant, dès aujourd'hui, que la ligne prolongée enregistrera, presque sans coup férir, le même rendement kilométrique ; telle est également l'opinion de M. Fock, qui est un Algérien et dont la compétence est indiscutable. Somme toute, quand on étudie sérieusement les chances de trafic de cette ligne de Biskra-Ouargla, on arrive à conclure que, — si elle est construite et exploitée économiquement, — elle ne sera pas, même dans les débuts, une charge pour les finances publiques, et qu'au bout de peu de temps elle fera ses frais. Mais nous venons de le dire : « si elle est construite et exploitée économiquement. »

En fait de chemins de fer, nous n'appartenons à aucune école doctrinaire, et nous pensons qu'on discutera longtemps encore sur la valeur respective des divers types de voie. Nous sommes simplement d'avis qu'en cette matière, comme en toute autre, il faut savoir proportionner l'outil au travail demandé, les frais d'installation et d'exploitation d'une ligne au trafic dont elle est susceptible, dans le présent et dans l'avenir ; à ce sujet, nous partageons tout à fait la manière de voir exposée dans *le Correspondant,* à l'occasion de l'Exposition de 1889, par M. de Lapparent, avec la lucidité qui caractérise toutes les œuvres de cet éminent ingénieur (1). Or, nous estimons, sans vouloir exagérer la valeur, toute relative, des chemins de fer économiques à voie très étroite, qu'ils suffiront dans beaucoup de cas désormais, quand il ne sera question que de voies secondaires, simples affluents des lignes principales déjà construites, ou quand il s'agira de lancer des voies de pénétration au travers de pays neufs, où la rapidité d'exécution et l'économie de premier établissement doivent être tout d'abord les considérations dominantes, — ce qui est le cas présent pour le Transsaharien.

Pratiquement, et sans vouloir aborder la question de fond, nous sommes partisans d'un chemin de fer économique pour la ligne de Biskra-Ouargla et pour le Transsaharien, parce que nous savons que,

---

(1) A. DE LAPPARENT. — L'Exposition de 1889 et les Chemins de fer. (*Le Correspondant*, 1889.)

si l'on veut un grand chemin de fer, on ne l'aura pas, et que nous en voulons un, petit ou grand. Pour nous, le meilleur Transsaharien sera celui qui se fera.

Il résulte d'une estimation sérieusement établie, qu'avec le système Decauville, — ou tout autre système analogue, — et avec une voie de 75 centimètres de largeur, — qui, à la rigueur, peut suffire, — les dépenses de premier établissement de la ligne de Biskra-Ouargla ne dépasseront pas 45,000 francs par kilomètre, tout compris. Pour ce qui est des frais annuels d'exploitation de la ligne, ils pourront être réduits à 2,500 francs environ par kilomètre.

En une seule campagne d'hiver, tous les travaux de construction de la ligne de Biskra-Tougourt, longue de 210 kilomètres, seront exécutés, si les mesures ont été bien combinées. A plus forte raison pourra-t-on franchir en une seconde campagne, l'hiver suivant, les 170 kilomètres qui séparent Tougourt de Ouargla.

De Ouargla, le chemin pour marcher en avant est tout tracé : c'est le lit de l'oued Igharghar, qui pique droit au sud. Nous trouverons de ce côté un passage libre de sables par la trouée de Mokhanza, large couloir naturel au travers des grandes dunes de l'Erg oriental. Sol uni et ferme : on pourrait y rouler en voiture, sans autre préparatif ; on n'aura qu'à y poser les rails. Conditions aussi favorables au delà. L'ingénieur de la mission Flatters qui était chargé de l'étude du chemin de fer, le malheureux Béringer, nous a laissé un avant-projet complet de cette ligne, depuis Ouargla jusqu'à Amguid, et Flatters a dit, en toutes lettres, que l'absence de difficultés techniques pouvait être considérée comme démontrée jusqu'à plus de 1,000 kilomètres au sud de Ouargla.

Quant à la question de l'alimentation en eau de la ligne, elle ne se pose même pas. Tout le long de l'Igharghar, on trouvera l'eau à peu de profondeur ; la région de Timassinin est certainement un bassin d'eaux artésiennes et jaillissantes ; de même, très probablement, la région d'Amguid : constatations d'importance capitale pour notre entreprise de pénétration au Soudan. La sonde artésienne est destinée, en effet, à devenir notre meilleur outil de transformation, notre meilleure arme de conquête pacifique dans le Sahara central, comme elle l'a été déjà dans le Sahara algérien.

La première question à résoudre, dans tous ces pays sahariens, est celle de l'eau. Notre premier souci, en arrivant dans le Sahara central, devra être d'y entreprendre méthodiquement une série de sondages. Si nous réussissons, notre succès aura un double résultat : il assurera nos installations ; il répandra au loin le renom d'habileté du chrétien, qui fait jaillir l'eau et la répand sur le sol. L'événement aura chez les populations touareg un retentissement énorme ; elles voudront venir voir, nous visiteront ; ce sera un sûr moyen de les attirer, puis de les fixer autour de nos postes, où nous renouvellerons à leurs yeux l'œuvre de fertilisation inaugurée dans l'Oued Rir' et leur montrerons comment on crée de nouvelles oasis en plein désert.

Nos deux premiers objectifs, pour préluder à cette œuvre de transformation du Sahara central, doivent être la région de Timassinin d'abord, celle d'Amguid ensuite ; car elles sont désignées à la fois par les conditions naturelles qu'on y rencontre et par les raisons politiques et commerciales que nous avons données plus haut. Nous avons dit la nécessité d'y créer des postes français, afin de prendre contact avec l'élément touareg et de sauvegarder la seule route franchement libre qui nous reste vers le Soudan. Le plus tôt sera le mieux, et il faut, dès aujourd'hui, se tenir prêt à toute éventualité. Cependant, les choses seront tellement facilitées quand le chemin de fer arrivera déjà jusqu'à Ouargla, que nous osons à peine, — sauf urgence absolue, — demander auparavant la création de ces postes. Qu'on construise, du moins, promptement le chemin de fer de Biskra-Ouargla et qu'aussitôt après on se mette en route pour Timassinin !

L'opération ne présente aucun inconnu et n'entraînera qu'une dépense relativement minime. Tous les détails de l'organisation de la colonne à envoyer à Timassinin, de l'installation du poste à y créer, etc., ont été soigneusement étudiés par celui de nous que les questions militaires regardent spécialement. L'expédition comporterait, en tout, — en y comprenant un détachement à installer entre Ouargla et Timassinin, — un effectif de 215 hommes, 34 chevaux et 210 chameaux. La dépense totale pour fonder le poste et l'occuper ensuite pendant un an, — en tenant compte de tous les transports de matériel et d'approvisionnement, de l'achat du matériel spécial à se procurer, des hautes payes du personnel et des frais de correspondance avec Ouargla, — s'élèverait à 700,000 ou 800,000 francs. L'entretien du poste, pendant les années suivantes, coûterait au plus 400,000 francs par an.

Au bout de peu de temps, il n'est pas douteux qu'un groupe d'Ifogha viendra se fixer là, près de notre poste et sous notre protection. Puis ce nouveau centre d'habitation croîtra peu à peu et deviendra un marché que, de leur côté, nos Chaamba et nos Beni Mzab se mettront à fréquenter de plus en plus par la route de Ouargla à Timassinin, que nous aurons eu le soin de jalonner de puits ; ils y apporteront du blé, du sel, des tissus, des bestiaux, qu'ils seront sûrs de vendre à des prix rémunérateurs, et bientôt on verra le marché nouveau acquérir une réelle importance. Nous transporterons alors la tête de notre voie ferrée sur ce point, et, en deux ans, au plus, nous pourrons l'amener de Ouargla à Timassinin (1).

Les Russes, en Asie, ne sont point partis d'emblée pour aller à Samarcande ; ils ont marché de station en station, lorsqu'ils ont jugé, par leurs relations avec les populations et par l'extension successive de leurs établissements, que le moment était venu de faire un pas en avant. Procédons de même, — autant que possible, et à moins que les événements ne nous forcent à une marche plus rapide.

Quand notre chemin de fer arrivera à Timassinin, il nous sera facile de nous mettre en route pour Amguid et d'y recommencer les mêmes opérations qu'à Timassinin : création d'un poste et d'un nouveau centre agricole et commercial, puis prolongement de la voie ferrée jusque-là. Dès lors, — avec le chemin de fer s'avançant à 700 kilomètres du sud de Ouargla, au cœur même du pays touareg, — les Touareg seront promptement nôtres, et aussitôt l'accès de tout le Soudan central et occidental par le nord, par l'Algérie, nous sera ouvert. Il est même possible que pendant longtemps le terminus de notre Transsaharien reste à Amguid, et qu'il ne devienne nécessaire de le prolonger jusqu'au Soudan même qu'après un certain nombre d'années.

Pour ce qui est des dépenses de construction du Transsaharien au delà de Ouargla, elles deviendront forcément un peu plus élevées ; néanmoins, nous croyons qu'en restant sur le terrain franchement économique, on pourra s'en tirer à raison de 50,000 francs par kilomètre, tout compris. Quant au trafic à escompter, autant nous avons été affirmatifs jusqu'à Ouargla, autant nous pensons, en toute

(1) Nous pourrons même, au besoin, — étant donnée l'expérience acquise dans la construction du chemin de fer de Biskra à Ouargla, — pousser en une seule campagne l'avancement de la voie ferrée depuis Ouargla jusqu'à Timassinin.

sincérité, qu'il est impossible de formuler des chiffres, même approximatifs, au delà.

Comment prévoir exactement dans quelle proportion le Transsaharien drainera les échanges avec le Soudan et les développera? Comment préciser le trafic que fourniront au chemin de fer les pays touareg eux-mêmes? Tous ces pays sont déserts, incultes aujourd'hui : pourquoi? parce que la sécurité y manque, que les tribus y sont à l'état de lutte perpétuelle, que tout périclite sous la menace incessante du nomade pillard et dévastateur, et que, dans de telles conditions, toute population fixe est destinée à végéter misérablement et à ne jamais récolter le fruit de son travail. C'est ce que nous avons vu partout dans le Sud algérien et tunisien à notre arrivée. Nous avons trouvé l'Oued Rir' et, plus récemment, le Nefzaoua à moitié ruinés, abandonnés sur beaucoup de points, et même les régions les plus riches, comme le Djérid, rançonnées sans cesse par les tribus nomades. Partout la pospérité renaît avec la paix que nous apportons; notre protection a pour résultat immédiat l'augmentation des cultures et des populations laborieuses, attachées à leur sol.

Il en sera de même, sans aucun doute possible, dans la région de Timassinin, de même dans celle d'Amguid. Toutefois, ce sera, forcément, une œuvre de longue haleine.

Un jour viendra, nous en avons la confiance, où le Transsaharien fera ses frais, et bien au delà peut-être; mais il serait illusoire de chercher à savoir quand, et en attendre la preuve, c'est se condamner à ne jamais l'entreprendre.

D'ailleurs, quand les Américains ont fait le chemin de fer de San Francisco, quand les Russes ont fait le Transcaucasien, ils ne se sont pas demandé si l'entreprise elle-même donnerait des bénéfices pécuniaires; ils y ont vu, avec raison et avant tout, un instrument de puissance et de domination. C'est ainsi que nous devons envisager d'abord le Transsaharien : ce que nous devons y voir surtout, c'est l'instrument *sine quâ non* pour réaliser la conquête économique du Soudan, pour remplir notre mission civilisatrice en Afrique, pour y maintenir le prestige du nom français, enfin pour assurer dans l'avenir non seulement l'extension rationnelle, mais encore la sécurité de l'Algérie.

C'est par ces dernières considérations que nous terminerons.

XIV

CONSIDÉRATIONS HUMANITAIRES, POLITIQUES ET NATIONALES EN FAVEUR DU TRANSSAHARIEN

Il n'y a pas seulement, dans le projet de Transsaharien, une grande idée économique : il y a aussi une grande idée humanitaire, une grande idée politique et une grande idée de défense contre l'islamisme.

La France, si elle veut continuer à tenir la tête des nations civilisées, ne peut refuser d'apporter son contingent d'efforts dans la lutte commune contre la hideuse plaie de l'esclavage et contre les progrès du fanatisme musulman, qui est en voie de conquérir tout le centre africain. S'il est vrai de dire que le mahométisme sera toujours un ennemi pour les nations civilisées, qu'il faut craindre son farouche enthousiasme, et qu'avec lui la lutte est fatale; — s'il est vrai qu'au contraire, le nègre est susceptible de se former, dans une certaine mesure, à nos idées et de devenir, à notre contact, laborieux et pacifique ; — si, tandis que nous sommes voués à une guerre éternelle avec les musulmans, nous pouvons espérer transformer les populations nègres au profit de notre influence et de notre commerce : — alors il faut affirmer et il est juste de dire que nous devons nous hâter de nous porter en avant, d'aller au secours des nègres et de les empêcher de tomber sous la direction des sectateurs de Mahomet, qui, le fusil et la hache à la main, auront vite fait tarir, en ces pays, non seulement la fertilité du sol, mais encore les sources de la vie humaine. Intérêt et humanité sont donc d'accord pour faire à la France un devoir de prendre pied dans l'intérieur africain.

D'autre part, la France ne doit pas oublier qu'elle commande actuellement, tant en Algérie qu'en Tunisie, à près de 5 millions de musulmans, arabes, kabyles ou autres, lesquels, dans cinquante ans, — étant donné l'accroissement rapide de ces populations, — atteindront peut-être le chiffre de 10 millions. La France est donc devenue, de fait, une puissance musulmane de premier ordre, et ce serait une faute grave de sa part que de ne pas chercher à entretenir son prestige aux yeux de ses nouveaux sujets ; or, en présence de l'activité et de l'énergie déployées par d'autres puissances en Afrique, si la France ne se départit pas d'une attitude trop réservée et trop expectante, elle sera infailliblement taxée de faiblesse et d'infériorité. Affirmer notre force aux yeux de nos indigènes et, en même temps, nous en servir pour nos projets de pénétration vers l'intérieur africain ; — détourner ainsi au dehors et à notre profit l'activité de l'élément indigène, au lieu de l'emprisonner chez nous, où il pourra devenir un danger : — tels sont évidemment pour nous les conseils d'une politique habile et prévoyante en Afrique.

Enfin, il y a dans le projet de Transsaharien une grande idée de sécurité pour l'Algérie, et, dirons-nous, de défense nationale, — si tant est que l'on considère l'Algérie comme faisant désormais partie intégrante de la patrie française.

Croit-on que si nous laissons le fanatisme musulman s'étendre impunément tout autour de l'Algérie, si nous laissons tout l'intérieur africain devenir sa proie, croit-on qu'ensuite notre position sur le pourtour sera facile, paisible et libre de toute inquiétude ? Croit-on que le musulman batailleur nous en laissera tranquilles possesseurs ? Croit-on que si nous permettons aux nations rivales de s'emparer de toutes les autres régions productives de l'Afrique occidentale et de s'établir à l'ouest, à l'est et au sud de l'Algérie, nous n'aurons d'autre déconvenue que de nous être laissé distancer, une fois de plus, par de plus habiles, et que ces nations, parce qu'elles sont également civilisées, nous suppléeront suffisamment dans la lutte contre l'islamisme pour que nous n'ayons plus à nous en préoccuper ?

Non. Dans l'Afrique du Nord, celui que le musulman considère comme l'ennemi, ce n'est pas seulement le chrétien, d'une manière générale, c'est surtout et avant tout autre, le Français. C'est un fait qu'on peut expliquer de diverses manières, mais c'est un fait.

Craignons, si nous persistons à rester chez nous en Algérie et à nous contenter de notre établissement sur la côte, craignons qu'un jour ne vienne où, de l'intérieur, — que nous n'aurons pas osé aborder, — les Senoussya ne se mettent, d'eux-mêmes ou poussés par d'autres, à lancer sur l'Algérie leurs nègres fanatisés et à semer chez nous sans cesse le trouble, la haine et l'insurrection, — jusqu'à ce qu'un soulèvement général se déclare chez nos propres indigènes, cherchant à réaliser enfin ce rêve de tout bon musulman : jeter le *Roumi*, le Français, à la mer !

Le dilemme est formel : il nous faut conquérir l'intérieur, ou nous serons réduits plus tard à défendre nos possessions sur la côte; c'est le musulman qui reculera devant nous, ou c'est nous qui subirons ses attaques. C'est l'éternelle loi de l'offensive et de la défensive.

En présence de cette alternative inéluctable, la conclusion n'est-elle pas évidente?

Prenons les devants. Marchons vers l'intérieur. Construisons le Transsaharien, qui brisera en deux le faisceau des hostilités musulmanes et nous rendra vraiment maîtres au Soudan. Faisons du Transsaharien l'axe de notre politique en Afrique!

XV

VŒU DU CONGRÈS COLONIAL NATIONAL

Pour nous résumer, nous ne pouvons mieux faire que de reproduire textuellement ici le vœu suivant, qui a été voté à l'unanimité par le Congrès colonial national, dans sa séance du 8 mars dernier et qui apporte une sanction autorisée à nos propositions :

Le Congrès colonial national :

Considérant que l'Algérie doit rester maîtresse de son développement vers le Sahara et vers le Soudan;

Que, dans l'état actuel des choses, une puissance étrangère, intervenant chez les Touareg, pourrait nous barrer à tout jamais la route du Sud;

Emet le vœu :

1° Que le réseau des chemins de fer stratégiques du Sahara algérien soit achevé dans le plus court délai possible;

2° Qu'en particulier, la voie ferrée de Batna-Biskra soit prolongée immédiatement jusqu'à Tougourt et Ouargla;

3° Que des postes soient créés, le plus tôt possible, à Timassinin et à Amguid;

4° Que la pénétration vers le Soudan soit simultanément poursuivie : d'une part, du Sénégal et du Niger vers la rivière de Sokoto; — d'autre part, du Congo français vers le lac Tchad;

5° Que l'exécution progressive du chemin de fer transsaharien, considérée en principe comme *indispensable*, soit réservée pour le jour où notre établissement dans le Sahara central et dans le Soudan sera assuré.

Puisse notre pays exaucer ce vœu! Puisse-t-il adopter enfin un programme d'ensemble dans l'Afrique occidentale et avoir le courage de l'accomplir! Puisse-t-il cesser de croire que le comble de la sagesse est de se concentrer sur soi-même et ne plus écouter les conseils timorés de ceux qui voient partout, — fût-ce chez quelques tribus impuissantes de Touareg, fût-ce chez les noirs pacifiques du Soudan, fût-ce chez les tristes amazones du Dahomey, — des complications imaginaires! Puisse-t-il ne pas regretter un jour amèrement d'être resté sourd à la voix de ceux qui le poussaient à la marche en avant sur la terre africaine, avec une juste perception de l'avenir de l'Afrique française et, par-dessus tout, au fond du cœur, avec un ardent amour de la grandeur nationale!

PARIS. — [illegible], 20, RUE BERGÈRE. — 10308-3-00.

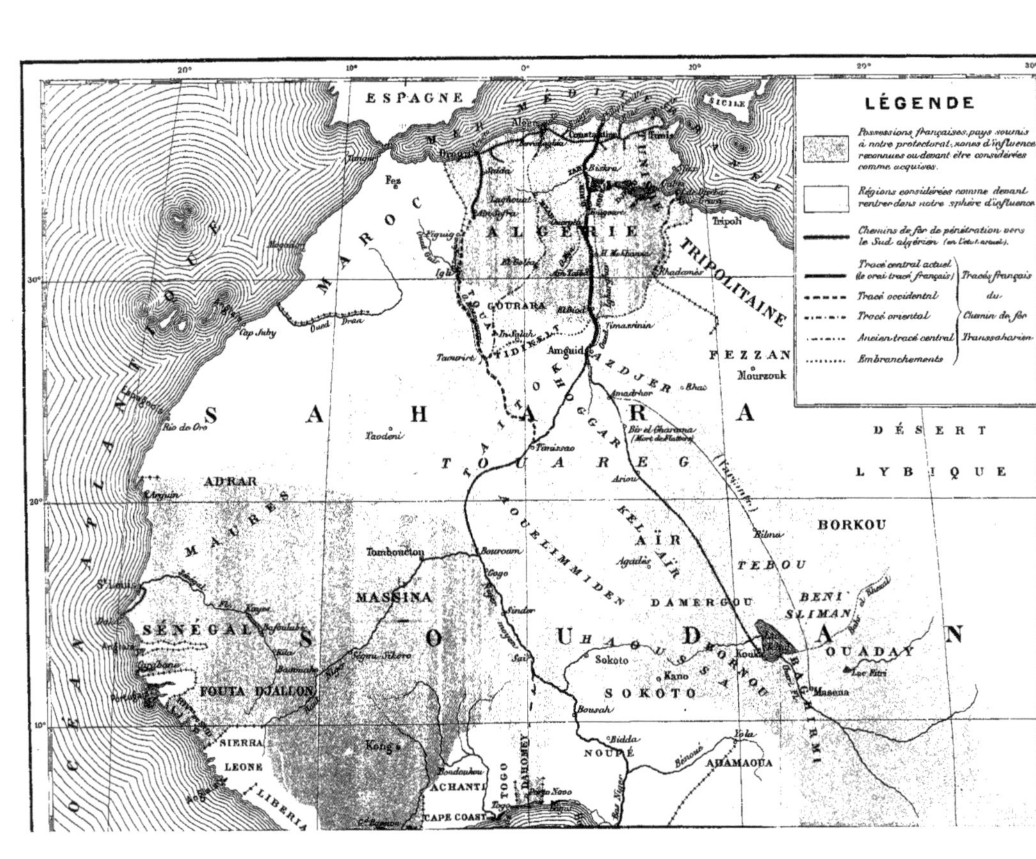

LÉGENDE
Possessions françaises, pays soumis à notre protectorat, zones d'influence reconnues ou devant être considérées comme acquises.
Régions considérées comme devant rentrer dans notre sphère d'influence
Chemins de fer de pénétration vers le Sud algérien (en l'état actuel).
Tracé central actuel (le vrai tracé français)
Tracé occidental
Tracé oriental
Ancien tracé central
Embranchements
Tracés français du Chemin de fer Transsaharien
ESPAGNE
MAROC
ALGÉRIE
TRIPOLITAINE
FEZZAN
SAHARA
DÉSERT LYBIQUE
TOUAREG
SOUDAN
SÉNÉGAL
FOUTA DJALLON
MASSINA
SIERRA LEONE
LIBERIA
ACHANTI
TOGO
DAHOMEY
SOKOTO
NOUPÉ
ADAMAOUA
BORKOU
OUADAY
TEBOU
DAMERGOU
ADRAR
GOURARA
Tombouctou
Tripoli
Mourzouk
Fez
Sokoto
Kano
CAPE COAST

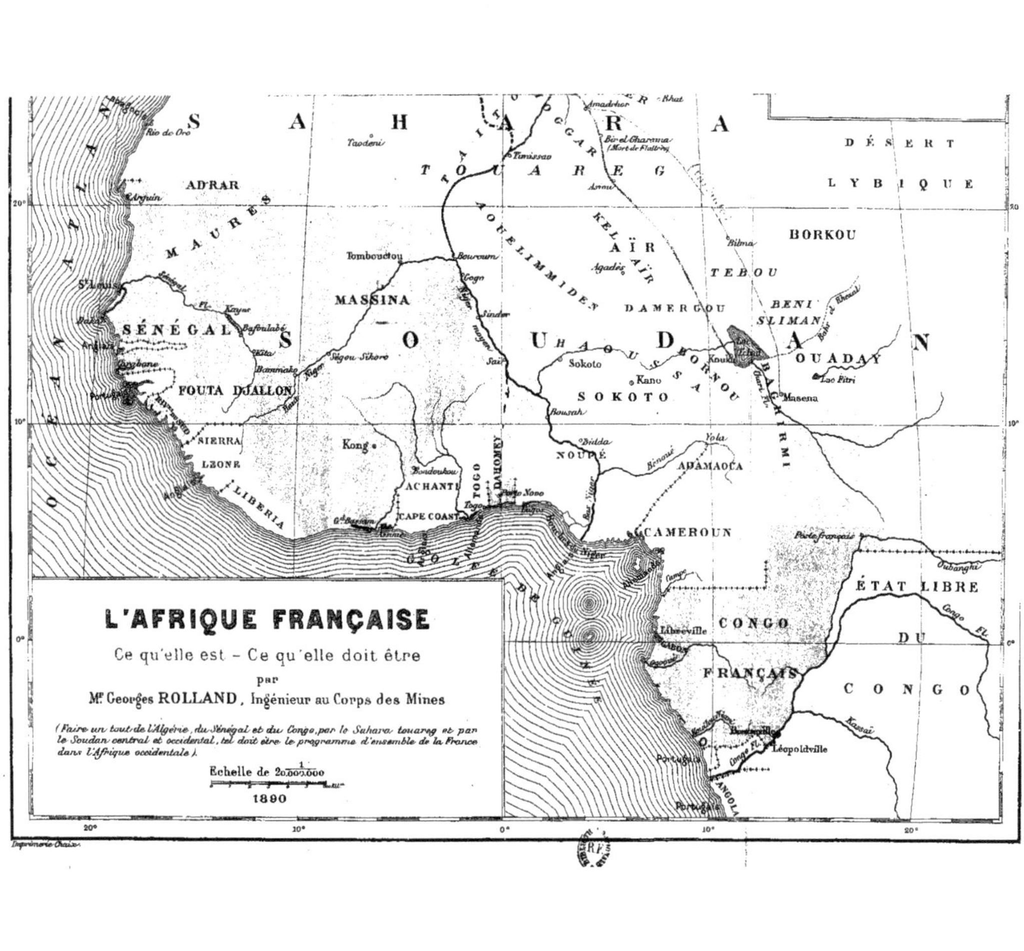
L'AFRIQUE FRANÇAISE
Ce qu'elle est – Ce qu'elle doit être
par
Mr Georges ROLLAND, Ingénieur au Corps des Mines
(Faire un tout de l'Algérie, du Sénégal et du Congo, par le Sahara touareg et par le Soudan central et occidental, tel doit être le programme d'ensemble de la France dans l'Afrique occidentale).
Echelle de 1/20.000.000
1890
S A H A R A
SOUDAN
DÉSERT LYBIQUE
TOUAREG
ADRAR
MAURES
BORKOU
TEBOU
KEL AÏR
AOUELIMMIDEN
DAMERGOU
BENI SLIMAN
MASSINA
SÉNÉGAL
FOUTA DJALLON
HAOUSSA
BORNOU
OUADAY
BAGHIRMI
SOKOTO
NOUPÉ
ADAMAOUA
SIERRA LEONE
LIBERIA
ACHANTI
TOGO
DAHOMEY
CAPE COAST
CAMEROUN
CONGO FRANÇAIS
ÉTAT LIBRE DU CONGO
ANGOLA
OCÉAN ATLANTIQUE
GOLFE DE GUINÉE
Tombouctou
Bouroum
Gogo
Sinder
Say
Sokoto
Kano
Kouka
Masena
Lac Fitri
Bousah
Bidda
Yola
Kong
Bondoukou
Porto Novo
Ségou Sikoro
Bammako
Bafoulabé
Kayes
Kita
St Louis
Dakar
Rio de Oro
Arguin
Taodeni
Timissao
Bir el Gharama (Mort de Flatters)
Amadghor
Asiou
Bilma
Agadès
Libreville
Gabon
Brazzaville
Léopoldville
Oubangui
Congo Fl.
Kassaï
Poste français
Imprimerie Chaix

www.ingramcontent.com/pod-product-compliance
Ingram Content Group UK Ltd.
Pitfield, Milton Keynes, MK11 3LW, UK
UKHW012242240726
13966UKWH00003B/1230